아프리카의 눈물 111展
십만년 개미탑의 전설

미션 111展
마욘화산의 비밀

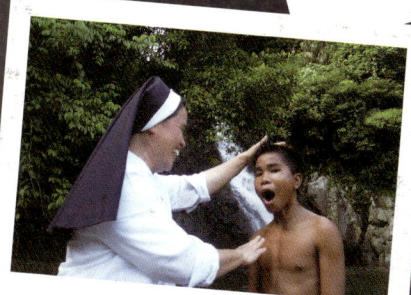

달라이 라마 111展

히말라야의 꿈

달라이 라마 111展
: 히말라야의 꿈

ⓒ김경상 外, 2012

1판 1쇄 인쇄__2012년 11월 01일
1판 1쇄 발행__2012년 11월 10일

지은이__김경상 外
펴낸이__양 정 섭

펴낸곳__작가와비평
　　　　등 록__제2010-000013호
　　　　주 소__경기도 광명시 소하동 1272번지 우림필유 101-212
　　　　블로그__http://wekorea.tistory.com
　　　　이메일__mykorea01@naver.com

공급처__(주)글로벌콘텐츠출판그룹
　　　　대 표__홍정표
　　　　기획·마케팅__배정일
　　　　편 집__배소정 노경민
　　　　경영지원__안선영
　　　　주 소__서울특별시 강동구 길동 349-6 정일빌딩 401호
　　　　전 화__02-488-3280
　　　　팩 스__02-488-3281
　　　　홈페이지__www.gcbook.co.kr

값 21,000원
ISBN 978-89-97190-48-5 03800

· 이 책은 본사와 저자의 허락 없이는 내용의 일부 또는 전체를 무단 전재나 복제, 광전자 매체 수록 등을 금합니다.
· 잘못된 책은 구입처에서 바꾸어 드립니다.

달라이 라마 111展

히말라야의 꿈

김경상 外

김남식 김명훈 김병주 김선욱 김종제 김진숙 김한겸 박모니카 박병조 박성도 박은수 박정운 박정호 박찬현 변성래 서진희 석지원 석창성 성기조 손동욱 손영철 양선규 양현희 유경재 유한나 윤현진 이명흠 이원석 임연수 장상현 전선애 정광수 정광영 정봉용 정우석 조성범 조장현 주민아 채원래 최인찬 최일화 하재화 한규동 한기홍 한은경 한정화 허금행 황인수
William Jay Stahl

작가와비평

MR KIM KYUNG SANG WILL BE GOING TO EXHIBIT IN KOREA, PHOTOS OF H.H. THE 14TH DALAI LAMA, TIBET AND TIBETAN PEOPLE. I PRAY FOR THE SUCCESSFUL EXHIBITION.

FROM LING RINPOCHE

현 14대 달라이 라마의 수석 교수사인 링 린포체(티베트 王師) 친필서한

CONTENTS

|프|롤|로|그| 평화와 자비의 상징 '달라이 라마' _ 성기조 ··· 11

1. 달라이 라마를 만나다
(인도 다람살라 남걀사원)

행복으로 오르는 돌층계 _ 허금행 ·· 15
우리들의 자화상 _ 정우석 ·· 16
다람살라 히말라야 끝자락에서… 고국을 그리다 _ 임연수 ············ 19
독수리 _ 석창성 ··· 20
사계 _ 이명흠 ·· 23
날개 _ 김선욱 ·· 24
일연존자日蓮尊者 닮아가지고 _ 정광수 ······································ 27
한몸 _ 김종제 ·· 28
구도자의 눈 _ 김명훈 ·· 30
님이시어 _ 유한나 ··· 33
달라이 라마 14대(텐친 가쵸) 누구인가? 알고 싶다! _ 임연수 ······· 35
그 사람이 떠오른 까닭 _ 박정운 ·· 36
가장 하늘과 가까운 곳 _ 박은수 ·· 38
금깅저, 에고를 가르는 번개어 _ 채원래 ····································· 40
눈물 _ 박성도 ·· 42
나그네 _ 김선욱 ·· 44
산 _ 정광영 ··· 45
기도하리라 _ 허금행 ··· 46
새는 이제 비행기를 타지 않는다 _ 채원래 ································· 48
해와 달보다도 먼 곳 _ 최일화 ·· 51
Context and the Dalai Lama _ William Jay Stahl ····················· 52
티베트 네충사원… 꾸텐Kuen 그리고 삶 _ 임연수 ······················ 54
길 잃은 중생 어디 갈 곳 몰라 하니 _ 박모니카 ·························· 56
달라이 라마, 해방의 그 날까지 _ 양현희 ··································· 59

CONTENTS

2. 정글 속에 다시 피어난 드레풍사원
(남인도 카르나타카주州 문고드, 티베트 난민 정착촌)

데자뷰 _ 한기홍 ·· 62
낮은 가슴으로 _ 최인찬 ·· 64
바람의 길 _ 조성범 ·· 67
내 몸에 내리는 비 _ 이명흠 ··· 68
사랑하는 이여 비가 옵니다 _ 유한나 ··· 71
남인도 카르나타카주州 문고드 드레풍 로슬링사원의 아침 공양시간 _ 석지원 ··· 72
약속의 문門 _ 박찬현 ·· 75
동행 _ 변성래 ··· 77
스물셋 무렵 _ 최일화 ··· 78
마지막 손 _ 임연수 ·· 80
명암明暗 _ 정광영 ·· 83
길 _ 한규동 ·· 85
흙 _ 조장현 ·· 86
티베트에서 바다를 보다 _ 한규동 ·· 89
인연 _ 박찬현 ··· 90
망명의 즐거움 _ 한기홍 ··· 91
독백 _ 주민아 ··· 93
종교의 화합을 바라며… _ 박병조 ·· 94
염원 _ 유경재 ··· 97
오늘도 당신을 위해 기도합니다 _ 전선애 ··································· 99

3. 옛 영화를 찾아서
(서장자치지구 포탈라궁, 죠캉사원, 타쉬룬포사원, 백거사)

아그라와 라싸에서 잠들다 _ 주민아 ·· 103
포탈라궁 _ 조장현 ·· 105

바라고 바라옵나이다 _ 석지원 107
탐방오공 _ 석창성 109
오체투지, 티베트의 심장 조캉사원까지 왔다 _ 임연수 111
붉은 망토를 입은 자작나무 _ 한규동 112
필수영양소 _ 석지원 116
풍경소리 혼 빛을 머금다 _ 조성범 119
윤회輪廻 _ 박찬현 120
당신을 바라봅니다 _ 박모니카 123
타쉬룬포사원 _ 채원래 125
타쉬룬포사원 오르는 골목길의 자화상 _ 임연수 127
창문 _ 하재화 128
눈으로 걷다 _ 조성범 130
꿈꾸는 나무 _ 한은경 131
코스모스 연가 _ 황인수 133
바람 한 점 남아 있지 _ 한기홍 135
집 _ 김종제 136

4. 히말라야를 걷다
(에베레스트 가는 길)

산 _ 변성래 140
블랙야크: 길을 잃은 청춘들에게 _ 장상현 143
쿤둔의 마지막 장면 _ 채원래 144
향기 _ 김선욱 146
inspiration _ 윤현진 147
7월의 상징적 의미 _ 김병주 148
빈손으로 가는 것을 모든 사람이 알게 하라 _ 전선애 151
이제 더 이상 _ 한정화 152
히말라야 빙하천 _ 정봉용 155

CONTENTS

내 마음속 이니스프리 _ 김남식 ·········· 157

신의 땅 _ 박정호 ·········· 158

길 잃은 광야의 나그네 _ 김명훈 ·········· 159

묘비명墓碑銘 _ 황인수 ·········· 160

카롸라 빙하卡惹拉冰川의 환생 _ 박정운 ·········· 163

성유聖乳 그릇 _ 유경재 ·········· 165

친구의 넋두리 _ 이원석 ·········· 167

히말라야의 눈물 _ 김한겸 ·········· 168

나 홀로(천상천하유아독존天上天下唯我獨尊) _ 정광영 ·········· 169

강줄기를 따라 _ 서진희 ·········· 170

시샤팡마 가는 길 _ 황인수 ·········· 172

차마고도 _ 김한겸 ·········· 173

거미의 사랑 _ 김남식 ·········· 175

하늘과 닿아 사는 사람들 _ 김명훈 ·········· 177

세계의 지붕 히말라야의 운해 _ 조성범 ·········· 178

모모 _ 손동욱 ·········· 181

화룡점정 같은 아이 눈빛 _ 박병조 ·········· 183

에머랄드 암드록쵸길 _ 손영철 ·········· 186

장졸우교藏拙于巧 유감 _ 양선규 ·········· 187

창가의 눈물 _ 이명흠 ·········· 188

초모랑마의 말씀 _ 유한나 ·········· 189

에베레스트의 매 _ 변성래 ·········· 191

초모랑마에 전하는 말 _ 주민아 ·········· 192

바르도(틈새) _ 채원래 ·········· 195

하늘 바다 작은 섬 _ 한정화 ·········· 197

아니오, 아니 되시어요 _ 한정화 ·········· 198

CONTENTS

5. 지상의 이상향 샹그릴라를 찾아서
(중국 사천성 장족 마을, 사원, 야딩풍경구, 차마고도, 조장)

야라신산雅拉神山과 길 _ 채원래	203
야라신산의 가을빛 _ 한기홍	205
야라신산 파노라마 _ 조장현	206
조장鳥葬 _ 황인수	208
삶의 종말처리장 '조장터' _ 김한겸	209
차마고도 목동 _ 손동욱	211
고검古劍을 등에 올리며 _ 한기홍	213
목련존자, 설산에 오르다 _ 한기홍	214
여인천하 _ 석창성	216
금강보살산 _ 유한나	217
차마고도 _ 김종제	219
지혜의 문수보살文殊菩薩=Mañjuśī이시여 _ 채원래	221
티베트 포탈라 산맥의 관세음보살 정기 그리고 포탈라궁 _ 임연수	222
씨앗의 삶을 기리며 _ 김진숙	225

|에|필|로|그| 평화 _ 유한나 ·· 226

달라이 라마 촬영 후기 _ 김경상 ·································· 228

필자 소개 ··· 230

|프|롤|로|그|

평화와 자비의 상징 '달라이 라마'

성기조

몽골어로 '달라이'는 바다를 뜻한다. 티베트어 '라마'는 산스크리트말로 '구주'에 해당하여 '영적인 스승'이라는 뜻을 가지고 있다. 즉 '바다와 같은 지혜를 가진 스승'이라는 뜻이 된다.

달라이 라마는 1935년 7월 6일에 태어났고 티베트 망명정부의 지도자가 것은 1959년이었다. 1954년부터 티베트 지방정부의 주석으로 있었고, 중화인민공화국이 건립된 이후 전국인민대표회의에 티베트를 대표하여 참석하기도 했다.

중국의 티베트 통치에 반대하여 인도로 망명, 인도에 티베트 망명정부를 수립하였다. 그 후 지금까지 불교의 자비를 내세운 세계평화를 주창하여 왔기에 그는 많은 사람들에게 평화와 자비의 상징으로 여겨져서 노벨평화상이 주어지기도 했다. 그 뒤에 세계평화상, 루스벨트 자유상, 독일 미디어상, 마하트마 간디 국제화해와 평화의 상을 받아 그의 평화정신과 화해, 그리고 자비정신을 온 세계 사람들이 인정하게 되었다. 뿐만 아니라 전 티베트 사람들의 종교적 정치적 지도자로 인정받았다.

대승불교와 밀교에 터전을 두고 발전해 온 티베트 불교는 아직까지 신비 그 자체로 남아 있기도 하다. 티베트 불교는 7세기부터 티베트에서 전개되어 온 독특한 형태의 불교로 만주, 몽골, 네팔 등지에 전파되어 왔는데 승려들은 불佛·법法·승僧의 화신으로 존경 받는다. 그들은 종교적 특권뿐 아니라 세속적 권력까지 갖게 된다. 달라이 라마의 법통은 라마교가 티베트에 진출한 17세기 중엽부터 중화인민공화국이 티베트를 지배한 1959년, 달라이 라마 14세가 인도로 망명하기까지 티베트를 통치하여 왔다.

티베트 사람들은 달라이 라마가 자비의 보살인 관세음보살의 화신이라고 믿고 있다. 또 달라이 라마가 죽은 뒤에는 차기의 달라이 라마가 다시 환생할 것이라고 믿는다. 그러나 지금의 달라이 라마는 자신이 '깨달은 자'라는 것을 아직까지 천명하지 않고 있다.

그는 1959년 인도로 망명한 후, 전 세계를 돌아다니며 부처의 가르침을 널리 알리는 한편, 국제사회에 티베트의 독립을 지지해줄 것을 호소하고 있다. 현재는 미국 애틀랜타의 애모리대학에서 티베트 불교를 강의하고 있으면서 세계평화와 화해, 그리고 자비라는 화두로 많은 사람들과 교류하고 있다.

1 달라이 라마를 만나다
(인도 다람살라 남걀사원)

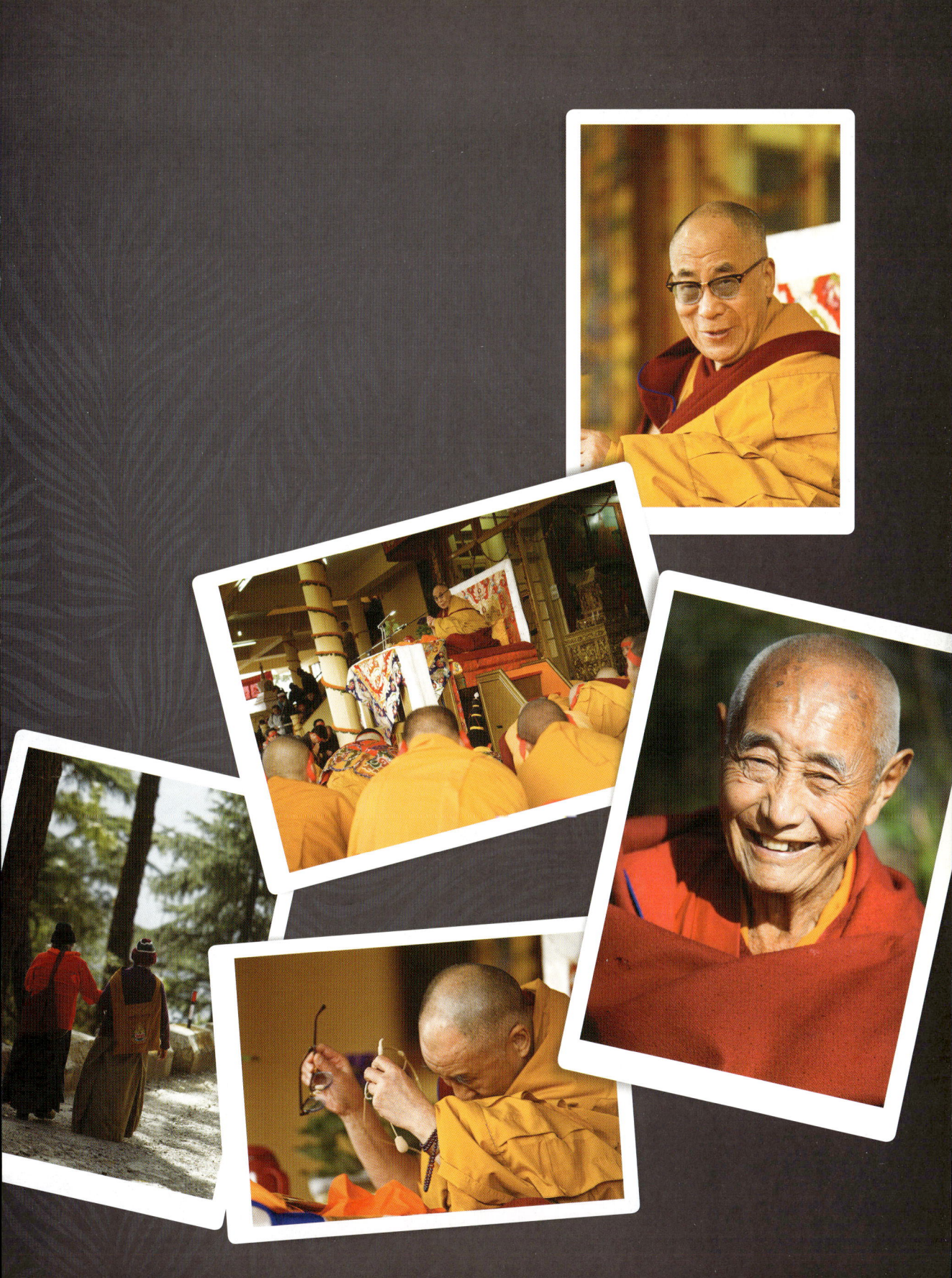

001 인도 다람살라 남갈사원 신년 법회

행복으로 오르는 돌층계

허금행

달라이 라마는 삶의 핵심은 행복하게 사는 것이라고 말한다. 때로는 우렁찬 목소리와 통쾌한 웃음으로, 때로는 깊이 근심이 담긴 채로 '당신은 행복한가…'라고 묻고 그 행복에 닿는 여러 가지 이야기를 하고 있다. 나는 생각한다. 불행을 마주할 때, 그 실체를 파악하여 검은 그림자까지도 지울 수 있는 노력이 행복을 가능하게 하는 것인가. 고통을 대담하게 대면하고 그것을 부숴내어 행복으로 이끄는 힘은 어디에서부터 시작하는 것인가.

지금 사는 집으로 이사 와서 처음 발견한 것은 수많은 바위와 돌멩이였다. 땅을 파면 튼실한 남자의 가슴팍만한 넓적한 돌들이 탁 가로막고 버티고 앉아 있어서 곡괭이로 돌려 파며 꺼내야만 정원이고 야채밭을 만들 수 있었다. 그렇게 어렵게 꺼낸 돌멩이들은 요긴하게 쓰여져서 평퍼짐한 것들은 돌층계 만드는 곳으로 옮겨지고 제법 수석처럼 괜찮은 물건은 정원석으로 알맞게 놓여졌다. 이미 집 지을 땅을 고르면서 트랙터로 밀어내 소나무밭 근처로 쌓아둔 덩치 큰 바위들은 사철나무와 어울려 장관을 이루었다. 이렇게 자연석을 드문드문 놓아 만든 층계를 올라가면 그 끄트머리에서 오솔길이 시작되었다. 사슴이건 사람이건 지나가면, 풀들이 눕는다. 조용히 머물던 순간들이 어떠한 출렁임으로 넘어지며 길이 생긴다. 몇 번 같은 길을 걸으면 거기에 편안한 오솔길이 생긴다.

나는 이 돌층계를 끝까지 오르면 거기에 행복이 있을 거라는 막연한 생각을 하고 있었다. 스스로 만든 불행이라는 덧에 걸린 나를 탈출시켜야 한다. 거기서 나의 첫 계단을 밟고 올라서는 것이다. 돌 사이를 비집고 살아나오는 들풀의 푸르름으로 나는 달라이 라마가 말하는 '우리가 가진 인간애, 따뜻함, 우정, 사랑의 능력이 풍부한 것에서 행복을 찾는다'고 말하는 음성을 듣는다.

또 하나의 층계를 오르면 작은 개미들의 행렬을 만날 수 있다. 그가 말하는 '자비심의 의미 속에는 자기 자신을 이롭게 한다는 뜻도 함께 존재한다'는 것…. 상상하기조차 어려운 수많은 잔혹한 행위가 난무하는 거리에 이 작은 개미군의 움직임에서 그 자비심의 무한함이 나의 마음속에 파장으로 와 닿는 것을 느낀다.

층계를 하나하나 오르며 그의 거역하기 힘든 언어들의 호소력을 받아들인다. 너와 나의 사이에 쌓였던 그 무엇인가 끈적거리고 느끼한 감정을 어느 날 아침 말끔히 닦아낼 수 있는 듯한 느낌이 시작된다. 낭만적인 사랑은 긍정적인 것이라고 할 수는 없다는 이야기에 의문을 던지다가 길게 머물 수 있는 행복이라는 데까지 연결되어야 한다는 또 하나의 배움을 얻는다. 자비심을 가지고 사람들에게 접근하기를….

나는 또다시 생각한다. 혼자 층계를 오르는 것보다 여럿이 앞서거니 뒤서거니 하며 서로를 도닥거려주는 것이 깊이 뿌리내린 행복을 만나기에 더 좋은, 오래 가고 흔들림이 없는 것이라고…. 짧은 순간의 눈맞춤, 평화롭고 고요한 마음은 사랑과 자비심에 뿌리를 두고 있다는 것을….

층계의 중간쯤에 앉아 내가 지금껏 올라온 저 아래의 숲에서 수많은 싱그러운 대화들이 나를 바라보고 있는 것에 손을 내밀며 잠시 내가 쓴 시 하나를 조용히 외워본다.

탈출을 꿈꾸며

거울 면에서 멀어질수록
멀어져 가는 또 하나의 나는
오늘을 탈출하고 싶은 진정한 나이다
겨울비가
숲속에서 떠도는 어제
숨어 버린 벌판의 바람과 그림자를 위하여
차갑게 흔들릴 때 나는
없어지고 싶어 한다 시간에서 멀리
잡을 수 없는 공간으로
내부에서 밖으로 나와 무너지고
부서져 아무것도 아닐 때까지

스스로 부딪쳐 산산조각 흩어지는 나는
그대로 갇혀 있는 저 안의 흔적을
탈출시킨다. 밤 깊은 저 너머로

나는 지금 행복으로 첫걸음을 내딛는 탈출을 꿈꾸어 본다.

우리들의 자화상

정우석

'어떤 삶을 살았는가?' 하고 우리 스스로에게 자문해 볼 때, 기준이 되는 것이 얼굴이다. 눈가에 입가에 그리고 이마에 새겨진 주름을 통해 우리의 삶이 어떠했는지 감히 평가해 볼 수 있다.

고승의 이마와 눈가에 입가에 새겨진 주름이 참 평온해 보인다. 분명 삶이 순탄하지는 않았겠지만, 그 삶을 잘 받아냈기에, 바라보는 우리들에게도 마음속의 고요함과 평화가 전해지고 있다.

시간의 흐름 속에서 언젠가 다가오게 될 우리들의 자화상도 이렇게 되었으면 하는 바람이다.

003 히말라야의 다울라다르Dhauladhar 산맥

다람살라 히말라야 끝자락에서… 고국을 그리다

임연수

고국을 그리워하며,
애끓는 궁극적 고뇌를
인간적 감정으로는 결코 드러내 보일 수도 없는
그 심연의 아픈 생채기는
수미산 자락 '마팡융초'
성스러운 불패의 호수 속에 잠겨졌고
깊어진 지 이미 오래… 담담함의 표면으로
하늘호수가 되어 버렸다.

산… 너머 너머 고원지대
나무와 풀 한 포기에도
부처님 자비 깃들기를 염원하며
걸림 없이 그 어디에도 갈 수 있는 바람의 기운을 빌어
'타르쵸'는 걸렸다.

생명의 불성佛性 불어 넣으며
한날 한시도 잊어본 적 없이 그렇게,
살아 있다는 듯
'달라이 라마'
가슴속에 펄럭이며 빌어마지 않았으리.
어찌 다 말로 할 수 있으랴. 경전….
고원지대 숨쉬기 힘든 척박함 속에서 잊지 않도록
무언無言의 불심佛心은 그렇게 '타르쵸'가 되었다.

살아 있는 모든 생물 들숨 날숨으로
허공에 빚을 지고
또 다른 생물체의 에너지를 공급받는
신세를 지고 있음이리니
욕망은 덧없음이고
상생의 자비를 청원하며
오체투지 수십만 번 조아리고 또 조아려
자신을 정화해 가며
포탈라 궁에서의 회향함의 경지까지 가는 민족이다.

'달라이 라마' 향한
변할 수 없는 진리이고, 생불生佛인 듯,
믿음과 존경심 무너질 수 없다.

다람살라의 뒷산 히말라야 끝자락.
억겁의 시간은 멀어져 간 듯,
차츰 다가와 우뚝 선 듯,
점으로 이루어진 원을 돌 듯,
고독한 고뇌 '달라이 라마'
휘청이는 무게감은
굴곡 많고 뿌리 깊은 산맥되어 의연히 지탱하며,
먼 산 바라보는 마음….
비상하는 저 새의 활강에 실어 보낸다.

독수리

석창성

당신은
날으는 것이 무엇인지 아는가

날으는 것은 비우는 것이다
비워야 한다
내장을 비우고 뼈 속까지 비워야 한다
대지에 포근함을 버리고
바람에 전부를 던진다

자유
날개를 펼쳐야 한다
내게로 모아 품는 것이 아니라
세상으로 나를 던져야 한다
바람에 순응한다

당신은
제왕의 삶을 아는가

하늘과 대지의 경계에 둥지를 트는 삶
나는 주검만을 먹는다
육신으로 창자를 메우고
영혼으로 뼈 속을 채우고
하늘로 간다

어머니의 품에 살다
아버지의 세상으로 가는 이여
경계를 따라 선회한다
날개를 따라 구름이 인다

멀리 초모룽마이
어머니가 손을 흔든다

004 히말라야의 다울라다르Dhauladhar 산맥

005 히말라야의 다울라다르Dhauladhar 산맥

사계

이명흠

어느 봄날 터질 듯한 소녀의 사랑이야기
긴 여름 오수 뒤의 여유로움
가을 빗속에 뒹구는 노오란 은행잎의 허무
눈 덮인 깊은 계곡 뾰족하게 내미는 여린 생명의 의미들

겨울은 봄을 재촉하고
봄인가 싶더니 여름이 오고
숲이 좋아 산을 찾으니
숲보다 물이 넘쳐 더 좋고

시리도록 깨끗한 심연의 수정 속으로
빠알간 단풍잎 우주가 한아름 가득한데
차마 홀로 이 가을 보내기 아깝구나

추운 겨울맛
더운 정열의 여름만 못하니
여름의 끝, 겨울 시작 한가운데에서
청렴의 갈무리 쓸어 담으며
이런 사계 중 가을로 살고 싶다.

날개

김선욱

그리움

걸으면
걷는 대로 생겨난다.

아무데고
풀잎 쓰러뜨리는
바람처럼
어둠도 허물어뜨리는
눈 감고도 갈 수 있는
늘 색깔을 달리하고
형상을 달리하는
새 길이며
낯익은 길이다.

생각하면
생각하는 대로 생겨난다.
혼자 걷고
누구도 동반할 수 없는
쓸쓸하지만
편안한 길이다.

그 길 끝엔
늘 넘을 수 없는
벽이 도사린다.

벽 너머는
까마득한 어둠
내 어깨에 날개 달려
그 벽 넘을 때
내 그리움의
길도 끝나리라.

006 다람살라, 창공의 독수리

007 다람살라, 남갈사원

일연존자日蓮尊者 닮아가지고

정광수

올 우난분절盂蘭盆節엔
절에
가자

목련존자 닮아가지고
지옥문을
엿볼 수 있을까

혹여, 어머니가
거꾸로 매달려 있을지
몰라

흐르지 않는 물처럼
마음이 깨어 있어도
흐트러지지 않았고

착한 일만 하면서
아미타불을 외웠으니
그야 극락으로 가긴 갔을 텐데

몰라
생사유희문生死遊戱門으로 나왔을지
날
그리버서

그날
꽃상여 연蓮꽃은
환하게 시리 피었던데

시방대덕十方大德 스님이어
원하긴 목련존자 어머니가
천상天上에 나듯

우리 어머니도 응도불공鷹度佛供
하여지이다
아미타阿彌陀여.

한 몸

김종제

저 위 산사에서
극락이라는
차 한 잔 얻어 마셨더니
내가
뒤안의 풀이었음을 알았다
냇가의 물이었음을 알았다
저 아래 좌판에서
선악이라는
열매 한 알 얻어먹었더니
내가
들녘의 꽃이었음을 알았다
산자락의 잎이었음을 알았다
내가 있기 전부터
내 속에서는
새가 날개를 펼치고
물고기가 지느러미를 흔들고 있었다
내가 사라진 뒤에도
내 속에서
봄날의 햇살은 여전히 따스하고
얼음을 견뎌낸 뿌리는
더욱 깊어질 것이다
내가 한 발 안으로 들어간
목련의 새순에
나비 한 마리가 날아와
꼼짝하지 않고 달라붙어 있었다

008 다람살라, 남걀사원

구도자의 눈

김명훈

나는 나를 그 형상으로 만나
나로 삼았습니다.
아직 그 주인된 나를
잘 알지 못해 갈급합니다.
안개와 같은 장막이
내 안의 눈을 가려
나를 알아볼 수가 없습니다.
어느 결엔가
작은 틈으로 들어온 빛이
잠시 나를 깨우곤 합니다.
그 빛이 사라지고 나면
이내 나는 다시
내가 서있는 곳도 알 수가 없습니다.
나를 비추어 줄 등불이 있다면
나의 마음을 담아 줄
거울이 있다면 좋겠습니다.
선승의 말씀을 통해
나의 눈이 열리는 듯
마음이 뜨거워집니다.

009 다람살라, 남갈사원

010 다람살라, 남걀사원

님이시어

유한나

죽으면
티베트 승려가 되신다던
님이시어
여기 계셨군요
이리 나오시어요
당신이 히말라야 산길을
걸으실 제
나 작은 새되어
나폴나폴
따라간다 했잖아요
어서 일어나
우리 히말라야 산길을
걸어가요
나에게 곡식 몇 알
손바닥에 얹어
모이로 주마
약속했던 나의 님을
달라이 라마시여
이 작은 새에게로
내어 보내 주시어요.

011 다람살라, 남걀사원

달라이 라마 14대(텐친 가쵸) 누구인가? 알고 싶다!

임연수

1989년 노벨평화상은 티베트의 제14대 달라이 라마(텐친 가쵸)에게 주어졌다.

1935년 한 농부의 아들로 태어나, 티베트 불교 전통과 선대 달라이 라마 환생으로 추대 받고, 어린 15세 나이에 통치자의 전권을 위임 받고, 침략 받은 티베트의 주권을 찾기 위해 노력하다, 결국 1959년 인도 다람살라로 망명하게 된다.

그의 망명생활은 자유와 평화를 갈망한 고독하고 곤고한 삶이었다.

삶과 조국!

비폭력과 생명 있는 모든 것의 경건함의 사상이었다.

티베트의 종교·정치지도자.

일생의 수행을 닦아 고귀한 인품과 깊이와 지혜를 지닌 세속과 영혼의 지도자이다.

고대 티베트 고원에 흩어져 살던 티베트 민족은 7세기 중반 '송첸감포'라는 군주에 의해 왕국으로 재탄생했다.

티베트라는 이름은 당시의 몽골어 'Thubet'에서 유래되고 '눈 위의 거주자'라는 뜻이라는 것이다.

달라이 라마 제도의 확립은 1578년 몽골 황제 'Altan chan'이 티베트의 가쵸gyatso 큰바다라는 칭호를 내림으로써, 이것이 공식적인 달라이 라마 세도의 등장이었나.

티베트 북동부 중국 접경 지역에 자리한 '말들의 땅'이라는 뜻을 지닌 암도Amdo는 중국 서쪽 평원을 굽어보는 고원지대이며, 접경지역 지리상 운명적 비운으로 중국과의 오랜 전쟁을 겪기도 했다.

1935년 7월 6일(티베트력 5월 5일) 밤, 그곳 암도 지방(탁체르Taktser)에서 14대 달라이 라마가 눈을 뜬 채로 범상치 않을 모습과 기운으로 태어났다.

라모 톤툽Lhamo Thondup은 '소원을 들어주는 신神'이라는 뜻의 이름을 지닌 사내아이를 사절단은 찾아내게 된다.

1959년 3월 라싸의 포탈라궁 앞에 모여든 주민과 함께 설산을 넘어넘어 산상도시 '다람살라'로 고국 티베트를 등지고, 뼈아픈 망명길에 올라 인도에 이르게 된다.

'다람살라'에 몸은 있었어도 1959년 3~9월에 있었던 중국의 티베트 침략 전쟁으로 희생된 8만 7천여 명의 동포들에 대한 자책과 고통에 번민하게 된다.

1960년 다람살라에 자리잡은 망명 정부는 '비폭력 티베트 독립운동'의 기지가 되었다.

'티베트 불교'를 전 세계에 알리는 계기가 되기도 했다.

달라이 라마는 세속의 정치 지도자가 아니다.

깨달음으로 인도하는 스승이며, 삶의 등불이다.

달라이 라마를 친견하는 일은 모든 수행의 근본이 되고, 고통스럽고 긴 윤회의 여정을 마칠 수 있는 힘을 얻을 수 있다고 티베트인들은 믿고 있다.

마니륜을 돌리며 '옴 마니 반메훔'을 끊임없이 염송하며 오체투지한다.

티베트인들의 불교는 삶 자체이다.

티베트인들의 삶과 영혼과 정신을 지켜주고 지탱하게 하는 '달라이 라마'는 영원한 티베트의 심장이다.

범상치 않은 신령한 정기를 받고 출생했고, 예언적 감지를 산파한 사자들에 의해 확인된 위대한 지도자였다.

날라이 라마!!

이 지구상 하늘 아래 고산지붕을 이고, 광활한 대지와 천혜의 광물질 자원과 아름다운 순수의 자연이 고스란히 간직된 아직도 신성하고 신령한 티베트의 앞날에, 아니 전 세계인에게 그가 던진 희망과 행복의 메시지는 너무도 강렬하여 우리의 정신을 평온하게 한다.

티베트의 무속적 의미로 빨간빛은 불을 상징하고, 노란빛은 땅을 상징한다 했다.

잃어버린 조국을 등에 업고 붉디붉은 심장으로 민중의 횃불로 우뚝 서고 영원히 그 정신 계승하시기를 바란다.

달라이 라마!!

그 잔잔한 미소는 온화함과 평화와 자비의 상징이시리니….

그 사람이 떠오른 까닭

박정운

그 사람은 막 분출하려는 화산처럼 뜨거운 피와 열정을 세상에 다 쏟아내었던 그런 사람이었습니다. 세상을 바꿔보겠다며 발톱이 부러지고 무릎이 녹아내리도록, 마음이 할퀴어 피가 흐르고 얼굴이 타들어가도록 세상 속으로 부딪치며 뛰어들었었지요.

그런데, 언제부턴가 욕망과 탐욕으로 꽉 조여진 세상이란 올무에 발버둥 치며 죽어가던 어린 산양처럼 고통스러워했고, 거칠고 난폭한 굴삭기 같은 힘에 의해 산…천山川의 뼈와 심줄이 끊어지는 죽임의 세상을 보며 두려움에 떨었습니다. 그리고 마침내 탐욕과 노여움으로 가득찬 이곳에서 생명의 자궁이 썩어들어 가는 줄도 모르고 살아가는 인간의 어리석음을 보았던 것입니다.

어느 날, 그 사람은 아무런 여운조차 남겨놓지 않은 채 홀연히 사라졌습니다.

한참 후에 그곳에서 그 사람을 보았습니다. 그 사람은 이루려하지 않는 평온한 마음으로, 자신을 낮추어 타인을 모시는 마음으로, 고통에 아파하는 세상을 보듬어 안는 수행자의 삶으로, 부처님의 가르침으로 세상을 변화시키며 그렇게 홀연히 돌아와 있었습니다.

지금, 당신을 보며 문득 그 사람이 떠오른 까닭입니다.

012 다람살라, 남걀사원

가장 하늘과 가까운 곳

박은수

내 어린 날의 배경은 온통 푸르렀다. 고개를 들어 세계에서 가장 하늘과 가까운 곳에서 눈이 시리도록 푸른 하늘을 우러르며 지냈다. 물빛보다 투명한 하늘에 박혀 있는 햇빛, 별빛, 달빛을 손짓으로 맞이하며 보냈다. 내 머리 위로 펼쳐진 시원스레 깊고 푸른 하늘이 나에겐 세상 전부였다. 그렇게 나는 새파란 천공에 놓인 인간의 세계에서 잠시 살았다. 그리고 시간이 꽤나 흘렀다. 왜 그렇게 하늘을 우러렀는지도 그 이유가 까마득하다. 이제는 떠오르지도 않고 궁금하지도 않다. 지금의 내 배경은 오직 존자님으로 가득 메워져 있다. 존자님의 지혜를 구하기 위해 모든 것을 내려놓고 고개를 숙여 불법을 읊조려 본다.

013 다람살라, 남갈사

금강저,
에고를 가르는 번개여

채원래

그 분이 너를 사랑하라 하셨다.
모른 척 돌려보내고 싶어도
나의 허물 오롯이 볼 수 있다 하셨다.
바둑돌로 세상을 덮어도 끝나지 않은 승부
칼집은 있으나 그 속에 칼은 안보여
식은 땀나게 괴롭힐 웬수여!
머리 뒤에 있는가 하면
저만치 앞에서 뛰고 있고
제발 가줘 이제 그만 갔는가 하면 어느새 튀어오고
종행무진 피를 빨아 먹어
지쳐서 피식 나오는 한숨소리
축축한 동굴의 메아리로 돌아온다.

동서남북의 좌표는
우리들 행적이 만들어낸 지도
니가 나를 쫓아
내가 너를 피해
지도 속에서 우린 서로를 지탱하는
남극과 북극으로 존재한다.
우주를 한 바퀴 돌고 돌아도
다시 내 앞에는 기다렸다는 듯
악몽의 연속 끊어진 필름 속 타임아웃!
어릴 적 갖고 놀던 장난감을 찾아 주는 미소
그 분은 어찌 그리도 내 속을 잘 아는 것이냐.

에고를 가르는 지혜의 빛이여!
우주 속의 나를 너에게 돌아오게 하셨네.
제 3의 눈은 그 빛 속에 열린다는 벼락같은 소리여!

014 다람살라, 남걀사원

눈물

박성도

눈물은 마음의 기원입니다

그대의 소리를 들으려
머나먼 세계를 방황하지만
또렷하지 않은 선택의 갈림길에서
머나먼 세계만 찾고 있습니다

바라보고 계시죠? 그대는
듣고 계시죠? 그대는

그대의 흐르는 눈물을 볼 수 없지만
그대의 흐르는 눈물을 들을 수 없지만

제가 흘려야 그대의 눈물을 볼 수 있어요
제가 흘려야 그대의 눈물을 들을 수 있어요

눈물을 흘려야 그대의 기원을 만납니다

015 다람살라, 남걀사원

016 히말라야 다울라다르Dhauladhar 숲속 동굴 수행자

나그네

김선욱

진짜의 나의 모습은 어떤 모습일까.
진짜의 나는 어느 척박한 땅에 버려두고 온 것 같다.
어느 먼 별에 진짜 나를 내버려두고 가짜의 나만 온 것 같다.
아니, 이 세상으로 오기 전 저 세상 어딘가에 진짜의 나를 버려두고 또 다른 모습으로 이 세상으로 걸어 나온 것 같다.
무엇을 찾으려고 이리저리 헤매고
무엇이 부족해 이것저것 찾아 기웃거리고
그것도 부족해 바람따라 구름따라 이 세상 끝까지 헤매는 꿈을 꾸는가.
저 세상에서도, 그 이전의 저 세상에서 무엇을 버려두고 온 것이 있어 저 세상을 헤매다 이 세상으로 뛰쳐나온 것은 아닌가.
다음 세상에 가서 또 무엇인가 찾아 헤매다 또 다음 세상으로 떠날 것은 아닐는지.

아, 나는 언제까지 헤매기만 할 것인가.
오늘도 머리를 깎으며 질기디 질긴 내 업業 하나 내려놓는다.

017 다람살라, 남걀사원

산

정광영

허리에 하얀 띠를 두른 게 찌를 듯 높고
너울너울 물결을 이룬 듯 대지를 안고서
정정正正 고정固定한 저 산아
몇 겁을 보냈느냐
멀리 대양을 바라보며 무슨 말 하였더냐
고고孤高한 너의 기풍 익히 알지만
묵묵黙黙한 너의 성품 정히 알지만

나에게 잠시 들려줄 수 있겠느냐
사시四時 모습을 달리하며 중생을 빗대였나
풍월風月을 벗 삼아 이제껏 이렀으니
너의 경지 알겠구나
모든 것 떨쳐 낼께 나라도 받아주렴
청아淸雅함과 선가경禪家境을 너한테 이루리라.

기도하리라

허금행

행복은 꿈꾸는 것이 아니다. 깨어나 세상의 흔들리는 모든 것들을 바라보는 한결같은 눈빛에서 비롯된다. 오래전 읽던 달라이 라마의 〈행복론〉을 다시 꺼내어 폈을 때, 바싹 마른 꽃잎 몇 개 거기에 머물고 나는 거역하기 힘든 사랑의 싹이 솟아오르는 숨소리를 듣는다. 부스러질 듯하면서도 단정한 베이지색의 지난 시간이여.

그 한 순간의 탄성. 거기, 소리도 잃지 않은 채 머물고 있다. 더불어 사랑하리라. 더불어 행복하리라. 호수에 던져진 조약돌 하나가 둥글게 둥글게 행복을 나누며 맴도는 동안, 나는 사랑에 집착하지 않으리라. 행복에도 집착하지 않으리라. 지층의 나뉨처럼 겹겹이 나뉘어 눕지도 않으리라. 고개를 든다. 하늘이 있다. 흐르는 구름이거나 나르는 새들이거나 안기었다가 떠나는 모든 것을 소유하지 않는 하늘이 있다. 나는 평화를 위한 욕망을 펼친다. 흔들림 없는 평화여, 네 고통이 흑黑이고 내 아픔이 백白이라면 함께 날줄과 씨줄로 만나 회색으로 눕는 우리의 평화가 여기 머문다.

달라이 라마가 나를 깨운다. 내가 행복해지고 싶다면 먼저 다른 사람을 행복하게 만들어야 한다고. 나는 이제 두려움으로부터 자유로워지리라. 그대의 행복을 위하여 나 그대 있음으로 만족하리라. 자비롭고 따뜻하고 친절한 손짓으로 그대를 부르리라. 그리고 함께 기도하리라. 그의 말처럼 기도는 단순히 마음 깊이 간직한 원칙과 신념을 자신에게 날마다 깨우쳐주는 행위라 한다. 기도하리라. 너를 위하여 나를 위하여 이웃을 위하여 깨달음과 내면의 평화를 위하여 분노하고 증오로운 세상의 어둠을 위하여, 그리고 들꽃과 바람과 들짐승들의 아름다움에 감사하는 기도를….

018 다람살라, 남갈사원

새는 이제 비행기를 타지 않는다

채원래

깃털이 하늘에서
소소리바람 날리며
추락을 거듭해도
새는 지치지 않았다

나날이 날고 싶어
비행기와 함께 날아가는 꿈만 꾸다
연료와 블랙박스
잔해로 떠다니고

마의 삼각지에서 사라진
어이없는 희망
절뚝거리던 새

이제 갈 곳도 없네

구부린 어깻죽지에 새 날개
햇무리 한 쪽 달무리 한 쪽
멍들은 피부에서 쏙쏙
새싹처럼 돋아날 때

제 눈꺼풀 속 바람인가
고향, 그 먼 곳의 기억인가
비행기 없이 날던 그 자리
깊고 높은 곳에서 부는 하늬바람

새는 이제 비행기를 타지 않고
아득한 공간으로 몸을 날린다
불어오는 바람 코를 간질이면
날개 활짝 핀 새 그림자는
벌써 고향에 가 있다

019 히말라야의 다울라다르Dhauladhar 산맥

020 다람살라, 남갈사원

해와 달보다도 먼 곳

최일화

　천만리 먼 더운 나라의 조그만 창문 옆에 앉아 생일의 아침을 맞고 있습니다. 버스를 타고 비행기를 타고 다시 기차를 타고 멀리 달려 왔는데 해와 달보다도 멀리 계신 어머니가 어떻게 내가 있는 곳을 아실까요. 나는 어머니의 뱃속에서 아주 작은 씨앗으로 맺히었지요.

　그 조그만 씨앗의 어린 새싹을 남겨두고 미운 아기 젖 안 주고 밀어내듯이 경전 속의 전설보다도 먼 나라로 어머니는 떠나시었습니다. 그 까만 씨앗의 봄의 텃밭에 작은 싹을 처음 틔운 날이 나의 생일입니다. 그 어린 새싹과 그날의 봄볕을 어머니는 다 기억하고 계십니다. 어머니의 기쁨인 그날이 오늘인데 어머니는 해와 달보다도 먼 곳에 계십니다.

　저녁 무렵 지친 몸으로 돌아와 창문 곁으로 다가앉으니 어머니는 저녁 잔광으로 나를 찾아오셨습니다. 나의 방을 둘러보시고 아들의 얼굴을 바라보시고는 부엌으로 가 생일상을 들고 오셨지요. 생일상을 물리고 나니 어머니는 다시 떠나시었습니다. 고요한 밤의 이불을 내 곁에 놓아두시고 저녁 잔광과 함께 해와 달보다도 먼 곳으로 당신은 떠나시었습니다.

Context and the Dalai Lama

William Jay Stahl

My very precious wife feels i have something to say about the Dalai Lama. This happens because of her love for me and her impression that i know something about Dharma and the Dalai Lama. The context of her feeling this way is her trust that i speak the truth (i try to) rather than an opinion.

The context i wish to set here is that i am a very new to buddhism. I am only slightly familiar with Zen (Japanese) Theravadin (South East Asian Buddhism) and Tibetan/Nalanda Buddhism. Of the above I feel the deepest connection to Tibetan/Nalandan buddhism.

Why do i use the term Nalanda Buddhism? Because Nalanda is what the Dalai Lama uses to characterize the Tibetan Buddhist tradition and the Gelukpa (or Gelukba) lineage in particular which the Dalai Lama is a member. The Nalanda tradition comes from the Great Ancient Buddhist University Nalanda of India and some of its teachers came to Tibet and transplanted the Nalanda Monastic tradition there. (see http://en.wikipedia.org/wiki/Nalanda)

One of the core values of this tradition is based on a quote by the Buddha:

Monks, my words are to be accepted by scholars, Not [merely] out of respect, But upon having analyzed them, just as Gold is accepted after scorching, cutting, and rubbing.

The above and the Dalai Lama's youthful interest in science and engineering (See the movie "Seven Years in Tibet and/or book by Heinrich Harrer) have led him to engage western science in a dialog and investigation of the nature of mind and reality. These on going talks and research are being done via Mind and Life.org

It is watching these dialogs and interactions that one gets a profound sense of the Dalai Lama's humility, lack of dogma and sincere inquiry for the truth and the nature reality. His compassion shows in collaborating with science, other contemplative and spiritual traditions to establish a universal/secular dharma that forms the foundation for planet wide compassionate engagement of

021 다람살라, 네충사원

environmental, business and commerce.

Mind and Life could not happen if it wasn't for this willingness to question Buddha's teachings and the sincere desire to understand reality in order to realize buddhahood. On the Science side there was this extraordinary scientist Francisco Varela who wanted to engage buddhism and other contemplative traditions in order to further develop reliable first person accounts of the cognitive experience. The West experience with first person exploration of the mind has been very unreliable. Thus Francisco meeting the Dalai Lama allowed them both to work together to join first person meditative experience with third person scientific investigation.

A great book that tells of the encounter with Buddhism and Cognitive science is the Embodied Mind, by Francisco Varela et al. It has been translated into Korean. Also you can see Mind and Life conferences on YouTube. Just Search "Mind and Life". Watching these will give you a feeling for the humility sincerity and compassion of the Dalai Lama, as well as his fresh scientific mind.

티베트 네충사원… 꾸텐Kuen 그리고 삶

임연수

    티베트의 네충사원은 '달라이 라마'에 관한 일이나, 국가적 사안에 도움이 되는 신탁을 하는 사원이다.
    신탁자는 티베트어로 꾸텐Kuen이라 한다.
    매년 정기 행사가 정기적으로 치러진다.
    신탁자가 과정상 진행되는 문답, 접신 상태에서 진행되는 의식 등은 한국 무속巫俗신앙과도 많이 닮아 있다 한다.
    네충사원은 원래 티베트 무속신앙의식들이 치러지던 곳이다.
    무속적 의식, 신과의 접신을 통해서 국가의 중대사를 결정하던 신관들이 있던 곳으로, 티베트 수호신들의 말을 대언하는 샤머니즘Shamanism적 의식들이 결합된 무속의 장소다.
    이는, 티베트에 불교가 뿌리 내리며 토착신앙의 모든 정령들을 길들여 불교에 귀의하게 만들었다는 티베트 불교의 대표적 증거라 한다.

    보인다! 아니, 보여주었다.
    영혼을 찍고 영혼을 말하려는 사진작가의 투혼 앞에…
    그 귀한 모습의 '꾸텐' 지금!!

    '달라이 라마'도 국가의 중요한 결정을 할 경우에는 신탁을 해야 했고, 현재 14대 '달라이 라마' 텐친 가쵸.
    1959년 망명을 고뇌할 때 그 자신도 예불을 드렸지만, 신관으로 하여금 신탁을 받도록 하여 망명길을 안내 받았다 한다.
    그때 당시 '네충사원' 신관은 '달라이 라마'와 함께 인도로 망명하여 '다람살라'에 머물게 되고, 현재 네충사원에는 적은 수의 승려들만이 남아 사원을 보존하고 있다.
    그런 연유로 인해 네충사원은 국가와 관련된 대소사의 신탁을 담당했었으므로 과거의 티베트 정부가 있었던 드레풍사원 근처에 있는 것이다.
    규모는 작지만, 네충사원의 법당엔 신령을 모신 특정한 사물함이 있다는 것이다.
    꾸텐들의 접신의식은 진지하고 경건하다.

우리네 한국인의 토속신앙은 어떠했는가?
그 옛날 나라의 임금님도
가뭄에는 기우제를 지내지 않았는가?

민가의 할머니들이 오매불망 자식들 위해
정한수 한 사발 장독대 위에 올려놓고
두 손 모아 빌었다.
음력 정월 보름(1월 15일)과 시월 초사흘(10월 3일)에는

022 다람살라, 네충사원

시루 크기별로 팥시루떡을 쪄서
집안 곳곳에 모셔놓고 절을 하는 풍습이 있었다.
꼭붉은 팥은 귀신을 쫓고 악령을 쫓는다 한다.

영화에서나 봄직한 성황당 나무도 있었다.
오색 천을 온통 매달아 놓아 나무의 신神, 자연의 신
神들에게도 빌었다.
티베트인들 자연을 의미하는 상징성인 오색 천을 걸
어 빌지 않는가?

만물의 영장인 인간만이 모든 동식물을 지배할 수
있었음에도 신神과의 교신은 끊임없이 놓지 않고 영적
인 교감과 소통을 시도함은 무슨 의미일까?

어쩌면 우리 인간은 자연으로의 회귀성과 함께
참, 나약한 존재일지도 모른다.
우리는 무엇으로 부터 존재해서
무엇으로 돌아를 가는가?
돌아가다 함은 어디를 향하고 있는 건가?

접신을 시도하고 부처님을 공경하고
마니차를 돌려가며 불교경전을 암송하는
티베트인들의 신앙은 삶, 그 자체이고
삶은 신앙 그 자체이다.

길 잃은 중생 어디 갈 곳 몰라 하니

박모니카

 숨이 멎을 것만 같은 세상의 끝에 우리는 서있습니다. 이곳, 이 땅에서 매일 우리는 하늘을 향해 기도를 올립니다. 아무 것도 기대할 수 없는 메마른 땅에서 우리는 살기 위해 끝없는 기도를 올립니다. 풀 한 포기, 나무 한 그루 살 수 없을 것 같은 척박한 땅에서 희망을 찾기란 어려울지 모르지만, 우리는 희미한 희망의 끈일지라도 놓치지 않습니다. 살기 위해 우리 두 발을 땅에 박고 일어섭니다. 하늘에서 부여한 이 땅, 우리의 삶을 결코 원망하진 않습니다. 숙연한 마음으로, 가장 낮은 자세로 기도드리며 우리는 이 땅에서 살고 있습니다. 오직 하늘의 뜻을 받들고, 우리의 삶을 귀하게 여기며 감사의 기도를 올립니다. 삶의 길을 잃어버릴까, 잘못된 길로 향할까, 하루를 살더라도 평화를 얻고자 오늘도 우리는 신께로 향하는 길을 걷고 있습니다.

어둔 길 넘어질까
손잡아 이끄시고
험한 길 다칠까
앞장 서 길 닦으시니
무엇이, 두려워서 발걸음 멈출 수 있을까

눈이 어두워
볼 것을 놓치고
귀가 어두워
들을 것을 지나는

어리석은 탕자, 차마 두고 갈 수 없어
발걸음마다 손수 짚어주시니
무엇이, 두려워서 길을 마다할까

갈린 길 앞에 두고 서성일까
이 길이다 하시고
좁은 길 앞에 두고 힘들까
길 넓히시니
무엇이, 두려워서 다른 길 돌아설까

길 잃은 중생 어디 갈 곳 몰라 하니
동행하시고
행여 세속에 뜻을 두어, 뒤돌아 소금기둥 될까
붙잡으시니
정녕, 무엇이 두려워서
무엇이 두려워서 이 길 못 걸을까

023 히말라야 다울라다르Dhauladhar 숲, 망명 티베트인 수행 산책

024 다람살라, 남걀사원

달라이 라마, 해방의 그 날까지

양현희

온몸 사르는 사랑 앞에
헤어져
살리고자
두 손
곱게 웃어주는
그리운 벌판 고향 담아
모으고
절

흐르는 비로 그대
찢기운 주검 상처
보듬어 안고
두 손
가득 눈물로
속죄의 풍경 소리
울리며
절

부는 바람 되어
오색 소망의 깃발을 날리리
묶인 새들의 하얀 날갯짓 함께
두 손
사랑의 빛으로
천년이 지나도
해방의 그 날까지
절

2 정글 속에 다시 피어난 드레풍사원

(남인도 카르나타카주(州) 문고드, 티베트 난민 정착촌)

025 남인도 카르나타카주州 문고드, 티베트 난민 정착촌

데자뷰

한기홍

이상하다. 내 나이가 천 살이 넘었구나.
많은 시공간 너머 우주의
일곽에서 오늘을 본 것 같다. 시를 쓸 때면—

나는 이제 눈을 씻지 않는다
이 세상
언젠가 와 보았던 틀림없는 물색物色,

그 위에 기다랗게 부유한다

갈급한 본능에 치를 떨었던
어느 세기말
하얀 고래의 뼈로 지은 높다란 누각
처마 밑에 비끄러맨 심상의 끄트머리,
황홀한 눈물을 철철 흘렸던 것도
알고 보니 모두가 오늘이었다

나는 이제 눈물을 훔치지 않는다
이 세상
이 길 위
썩지 않을 낙엽덤불에서 부유하니

*데자뷰(deja-vu): 기시감(旣視感). 전에 본 적이 없음에도, 이미 어디선가 본 것 같이 느낌. 현실감의 상실, 자아의식의 장애로도 간주됨.

낮은 가슴으로

최인찬

우리는 낮은 가슴으로 간다.
미로의 여행을 지나온 발자국 두고
무심의 좌표에서 서성이던 기억을 접고

누군가 앞서 간 깃발을 따라서 간다.
한때 등번호 달고 선수는 달렸지.
뒤돌아볼 겨를 저만치 두고

026 남인도 카르나타카주㎜ 문고드, 티베트 난민 정착촌

먼 산봉우리 눈높이에 두고
언제나 평행선이던 레인을 달렸지.
우리는 외길 어울려 간다.
인연의 고리들 자연스레 엮이고
체온이 곁에 머물도록 겉옷을 벗고
고갯길 수없이 지나쳐 간다.

언젠가 끝이려나 그리며 가겠지
못다 한 말 이정표에 걸어두고
저물도록 대답 없는 미완의 약속 두고
길 넘어 또 새로운 길 맞으며 가겠지.

027 남인도 카르나타카주(州) 문고드, 드레풍 로슬링사원

바람의 길

조성범

바람의 길
억만 겹의 흔적이 바람이 되어 바람으로 흘러가는
차곡차곡 적층되어 묻혀 있는
영혼의 숨소리를 깨우며
숨소리도 줄이고 생명을 털어내는 길이며
대초원의 투명하고 광활한 산하에서
영혼이 뛰놀다
돌바람으로 휙휙 한순간에 흘러가는 길이다

등 뒤의 길
속세의 덫은 등 뒤에서 미끄러져 떨어지고
뒤는 돌아보지 않고 앞만 보고 무소의 뿔처럼
걷고 걷는 길이며 단 한 번의 멈춤도 없이
가는 길을 내려놓고 돌아올 길이 없는 길이며
말 빛은 벗어버리고 숨 빛으로만 걸어가는 길이다

순례자의 길
삶의 지푸라기를 님김없이 태우고
생명의 연을 내려놓고 혼 소리를 찾아 걷고
말소리의 흔적조차 없이 세상의 시간이 멈춘
기쁨의 소리조차 내려 세상의 인연을 풀어놓고
남김없이 불태우며 마음으로 걸어가는 길이다

존재의 길
생존의 싸움소리도 바람으로 씻어내고
세상의 이끼를 하나하나 내려놓으며
값진 세상의 유물로부터 해방되어 떠나가는
몸에 걸친 옷을 한겹 한겹 벗어버리고 알몸으로
숨결만으로 부드럽게 거짓이 없이 걸어가는 길이다

해탈의 길
욕심을 내려놓고 영원을 찾아가는 길이며
바람이 걸어간 흔적을 기억하며 걷고 걸어가
순례자가 씻어낸 세상의 연을 곱씹으며
바람의 빛을 찾아 무심無心으로 가는 향기의 길
무량無量의 세계로 걸어 영혼을 찾아가는 길이다

영혼이 마중 오는 길
원초의 숨결이 피안을 넘고 전쟁의 사막을 건너
태초의 숨소리를 쫓아가는 길에
영혼의 빛이 마중 오는
자유의 길, 이상향을 향해 한발 두발 내딛는 길이며
나를 넘어서 본래의 나를 찾는 관조觀照의 길이며
속세의 영감을 풀어놓고 천지일체天地一體되는
온전한 하나의 길을 무심의 빛으로 인도되는 길이다

길을 가다
길에게 묻지 말고
길을 간들 길이 없으니
길이 길이고 길이 없음이다
바람은 부는데 바람은 멈추어 있고
길의 길은 무형無形이니
무엇이 방향이고 길인가

내 몸에 내리는 비

이명흠

또 다시 장마가 시작되고
세상은 눅눅하게 젖습니다.
후덥지근한 장마전선이
차가운 내 몸을 뜨겁게 감쌉니다.

당신은 비를 좋아했지만
나는 그 비가 싫습니다.
당신이 떠난 그 날도 비가 내렸습니다.

당신은 빗소리가 좋아
비오는 날은 아이처럼 좋아했습니다.
그러나 비가 당신을 데려가고
나만 혼자 남아
빗소리를 들으며 당신을 생각합니다.

당신이 가고 난 후
내 뼛속까지 비가 스며들고
나는 고통스럽지만

당신 껴 안듯이
비를 맞고 있습니다.

비는 연일 내리고
내 몸속 혈관 구석구석 적시는데
당신을 향하는 마음으로
뼈를 깎는 아픔으로
그리움과 사랑으로
며칠째 장맛비를 맞고 있습니다.

029 남인도 카르나타카주 문고드, 드래퐁 로슬링사원

사랑하는 이여 비가 옵니다

유한나

사랑하는 이여 비가 옵니다.
새벽엔 빗소리에 눈을 떴습니다.
그 부드러운 물방울이 지붕 위에

땅바닥에 부딪치며 깨어지며 내는
젖은 목소리가 머언 꿈길에서
나를 불러내었습니다.
빗물은 세상에 드리워졌던
슬픔과 기쁨의 그림자들을
살살 지우며 밀려삽니다.

사랑하는 이여 비가 옵니다.
맨몸을 숨기지 못하고
하늘 아래 서있는 모든 것들이

조르르 비를 맞고 서있습니다
누군가 가리워 주지 못한 서러운
마음 위로도 비가 내립니다.
아직 더 피어 있음직한
꽃들의 웃음짓는 얼굴도
가만히 부서뜨리며
넘실넘실 빗물은 여울집니다.

사랑하는 이여 비가 옵니다.
오로지 비만 오고
비 아닌 것은 오지 않는 날
난 이 비를 맞으러
문 밖 길에 홀로 나섰습니다.

남인도 카르나타카주州
문고드 드레풍 로슬링사원의 아침 공양시간

석지원

앉은 순서는 법계와 소임에 따라 다르지만, 각기 스님들마다 앞에 놓인 공양물은 볶은 보릿가루와 우유 버터로 반죽한 짬빠Tsampa, 야크버터와 홍차를 진하게 우린 포차pocha, 콜라와 사과 한 알로 모두 같다. 비록 앉는 순서는 맨 윗자리에 앉은 스님으로부터 말석의 스님까지 위계와 신분이 있지만, 대중공양에서만큼은 맨 윗자리 스님이나 말석의 사미승이나 4가지뿐으로 평등하다. 세속에서는 위계나 서열에 따라 차등하게 음식을 차리지만 승가의 대중공양에서는 서열을 따져 묻지 않고 동등하게 배분하는 것이 전통이다.

어째서 이렇게 많은 스님들이 병사가 도열하듯 일사불란하게 줄지어 앉아 똑같은 음식을 받아놓고 있을까? 그 까닭은 부처님의 가르침 앞에선 높고 낮음 없이 모든 존재가 평등하기 때문이다. 이런 가르침을 실천하기 위하여 비록 앉는 순서는 편의상 출가를 한 순서대로 정연하게 앉지만, 공양물은 짬빠와 포차, 콜라와 사과로써 모두 평등하게 받는다.

드레풍의 6,000명 대중스님이 공양을 해도 1명이 공양하는 듯하고, 1명이 공양해도 6,000명 대중이 함께 공양하는 듯 일미평등一味平等하며, 강가에 바람 스치듯 고요한 것이 대사원의 공양시간이다. 만약 6,000명의 스님이 아무데나 앉고, 음식물이 서로 틀리고 차이가 난다면 하루의 절반은 음식을 만들고 먹는데 다 지나가버릴 것이며, 자리다툼으로부터 음식다툼으로 온 사원이 들썩여 수행처가 아닌 아수라장이 되어 버리고 말 것이다. 앉는 순서와 공양물이 정해져 있는 것은 짧은 시간에 많은 인원이 신속하고 고요히 공양을 하기 위한 지혜이며 부처님 가르침의 실천이다.

030 남인도 카르나타카주州 문고드, 드레풍 로슬링사원

031 남인도 카르나타카주洲 문고드, 테상 비구니사원

약속의 문門

박찬현

지금쯤 그곳에 계실까
세상 무거운 짐 모두 내려두고
빛이 쏟아져 들어오던 문門
그 찰나의 세계로 가신 것일까

틀어 올린 상투는 갓 속에 감추고
하얀 파도 부서지는 수염 날리시며
나무 안경집 딸깍이며 오실 조부님께
그리로 기쁨 안고 가신 게야.

소낙비가 온 육신 뚫어낸 흔적
이승문턱 참을 수 없는 고통을
어렵게 벗어두고 가시더니
저 반짝이는 빛이 치유했는가 봐

그 겨울 산사에 에이던 바람
풍경 흔들고 내려와
내장 빈 목어木魚를 두드리던 것은
이제 저 문턱 넘고 있음 고한 게야

영령英靈에게 쏟아져 내리는 위로의
빛이 저 문턱 너머에서 환한 미소
가벼운 발걸음 사바로 놓느니
이정표를 세워 두고 산사山寺를 내려온다.

무언無言 약속의 문을 굳게 닫아 두고

032 남인도 카르나타카州 문고드, 테상 비구니사원

동행

변성래

어디 가는 길이냐고 물으셨나요.
사실 저희도 모르겠습니다.
지나온 길은 어렴풋이나마 그림이 그려지는데
가야 할 길은 시야에 들어오는 것이 전부입니다.
당신이 가야 할 길은 잘 보이시나요.

그래도
다행인 것은 동행이 있다는 것입니다.
얼마나 마음이 든든한지 모릅니다.
굽어지는 길 안쪽에 무엇이 있는지
어떤 길이 펼쳐질지 모르는 일입니다.

살아가며 가던 길을 멈칫멈칫하게 하는 것은
두려움입니다. 누구나 짐짓 겉으로 표현을 안 할 뿐이지요.

당신 가는 길에도 동행이 있길 바랍니다.
때로 아무 말 없이 그냥 가도 좋습니다.
비록 몸은 떨어져 있어도
함께라는 생각이 사라지지 않는다면
역시 동행이지요. 나눔이지요. 사랑이지요.

스물셋 무렵

최일화

스물셋 무렵이었던가!
나는 어느 날 불현듯 머리를 삭발하고
서울을 떠나 산길을 뚫고
눈 덮인 들판을 지나
길을 잃고 헤매다 찾아든 들짐승처럼
홀연히 법주사에 당도하였으니
큰 스님 나를 불러 앉혀 놓고
나이를 묻고 고향을 묻고
산사에 들른 까닭을 묻고는
머물러 있어 보라고 하였던 것이니

새벽 세 시에 일어나 예불하고
나무하고 마당 쓸고
함께 머물렀던 젊은 행자들
담 밑으로 숨어들어 담배를 함께 빨며
산사에 머문 까닭을 도란거리며
한동안 세상도 사랑도 부모도 다 떠나
떠돌이 중이라도 되고 싶었다

가물가물 그리운 고향과 어머니
꿈 더불어 타오르던 젊은 날의 향학열
한 열흘 지났을까
큰 스님 나를 불러 앉혀 놓고
내 뜻을 다시 물었을 때
내 머뭇거림을 스님도 안타깝게 여겼을까
경내를 다시 걸어 나오던 날에
그 차갑게 불던 바람 서걱거리던 나뭇가지들

033 남인도 카르나타카주써 문고드, 테상 비구니사원

마지막 손

임연수

따뜻했다.
그 가뿐 마지막 숨을 몰아쉬며
동공은 이미 풀려버린 채,
이승과 저승의 갈림길을
서성이던 내 어머니는
"엄마! 왜 그랬어?!"
응급실 정적을 찢는 외마디소리에
파르르 떨며 내밀던 마지막 손…
기다린 듯, 모녀의 상봉과 결별은
말 한 마디 못한 채 그렇게 맞잡은
두 손의 인사였다.
아직, 엄마 손 식지도 않았는데,
따뜻했는데…
억장이 무너지는 심정을 내팽개치듯,
영안실 철문은 내 시야 앞에
시커멓게 버티고 섰다.
믿을 수 없었다.
그 처절한 현실에 혼절하다,
넋을 놓다,
그리고는…
차라리 또렷이 정신이
맑아져 오고 있었다.
평소에 "아쉽다 할 때, 가고 싶다.
화장해서 뿌려 달라" 흘리던 말.
유언처럼 진중히 새기고 있었다. 나는…
담담해졌다. 혼돈과 절통함 속에서도…
적막강산 깜깜한 그 고독속의 한恨도
불꽃 속에 활활 태워 소멸하고
부디 부디 저승길 환히 밝혀가시라 했다.
"그리 힘들었으면 차라리 잘가! 엄마!"
연안부두 바닷가에서
한 줌 재로 남겨진 유골함을 열었을 때 울컥!

코끝에 달려들던 그 뼈 비린내를
잊지 못한다.
시공을 초월한 무의식의 저편에서
건너와 분명, 감각의 뇌리 속에 각인된
내 어머니 마지막 체취였다.
휘이~ 휘이~
저 바닷길 저승길 타고
그립던 고향에도 닿고,
수평선 맞닿은 거기쯤,
구름으로 마중 나온 아버지와
물안개로 피워 올라 상봉하리라. 생의 절반
불교집안 딸이었던 난,
마지막 효도인 듯, 49재와
천도재를 비구니승 사찰에서
예를 갖춤은 이 여식의 위안이었을까?
가톨릭 집안 시부모님도 말릴 수 없는
종교적 관념을 초월한
천륜의 도道였고, 의식이었다.
피돌기를 멈춰 버린 펄펄 뛰던 심장처럼
붉디붉은 가사자락 살포시 쥔
그 손은…
덧없고 허망할 현세의
물욕적, 권력적, 명예적, 아집을
내려놓을 다짐이듯,
쥐고 있다 놓아버린
마지막 그 손의 환생이듯,
억겁의 인연줄 따라
지금 이 순간…
먼저 간 자의 뒷모습으로
내 가슴을 마구 두드리며,
이 아픈 고백을 토해내게 한다.

034 남인도 카르나타카주州 문고드, 테상 비구니사원

035 남인도 카르나타카주州 문고드, 테상 비구니사원

명암 明暗

정광영

어둠의 장막이 내릴 때
나는 외로워 어쩔 줄 모른답니다.
모든 게 암흑에 사라지니까요.

어둠의 장막이 걷힐 때
나는 기뻐서 어쩔 줄 모른답니다.
모든 게 찬란히 빛나니까요.

어둠의 장막이 내릴 때
나는 서글퍼 어쩔 줄 모른답니다.
모든 게 장막에 가려지니까요.

어둠의 장막이 걷힐 때
나는 새로워 어쩔 줄 모른답니다.
모든 게 새롭게 태어나니까요.

어둠의 장막이 내릴 때
나는 두려워 어쩔 줄 모른답니다.
모든 게 눈앞에 나타나니까요.

어둠의 장막이 걷힐 때
나는 고마워 어쩔 줄 모른답니다.
모든 게 살아서 움직이니까요.

036 남인도 카르나타카주<small>州</small> 문고드, 드레풍사원

길

한규동

길은 누가 만들어 놓은 길일까?
집으로 가는 걸까? 숲으로 들어가는 길일까?

잡초를 걷어내고 자갈길을 다듬고
가시나무를 잘라내고 길이 만들어졌다.
아버지의 아버지가 그 길을 내고
아버지가 다니고 내가 그 길을 가고 있다.
삶이 시작은 길을 내는 일이다.
아버지의 아버지가 낸 길을 가면서도
포장도로의 길 가더라도 아직 포장이 되지
않은 길을 생각하며 나만의 길을 내야 한다.

내 안에 길을 내자.
육안肉眼의 길, 발끝으로 세상을 보고 느끼며 가는 길을
돌부리에 발이 아프고 피가 나더라도
심안心眼의 길, 마음으로 보며 상처를 치유하고 길 넓혀야 한다.
마음속에 수많은 가시덩굴을 걷어내며 가야 한다.
그것이 수행의 길이고 세상을 따뜻하게 보는 길이다.
뇌안腦眼의 길을 확장하자.
머리 속에 수많은 길을 내며 확장해야 한다.
그곳이 험한 길이라도 내가 가야 할 길 내어야 한다.
영안靈眼의 길도 내어야 한다.
신의 존재를 보지 못하지만 영적인 곳에 길을
내고 그대 안에 다리를 놓아야 한다.
그곳이 어느 우주의 횡성일지라도 길을 내고 가야 한다.

먼저 생각의 길을 내자, 그리고 그 옆에 꽃은 피우자.
내 뒤를 이어 오는 이를 위하여….

037 남인도 카르나타카주 문고드, 티베트 난민 정착촌

흙

조장현

흙은 생명이다.
생명 속에서
씨앗이 움트고 싹을 틔운다.

시간이 흐르고….
곤충과 새가 날고

동물이 다가온다.

누군가는 싹을
또 누군가는 줄기나 뿌리를 먹고
어떤 이는 열매와 꽃을 취한다.

남겨진 씨앗은
흙으로 돌아가
새로운 생명의 모태가 된다.

시간이 가고….
약한 동물과 강한 동물은
먹고 먹히는 운명의 굴레에서
생존의 법칙에 따른
삶과 죽음을 되풀이한다.

어느 날부터
순환의 정점 그 끝자리에
흙으로부터 태어난 인간이
땅을 일구며
나이란 걸 먹어간다.

그리고 시간이 되면….
피로하고 지친 노쇠한 몸으로
영원한 안식의 고향
평화로운 쉼터
흙으로 돌아간다.

그리고 흙은….
태곳적부터 지금까지
늘 그래왔었던 것처럼
새로운 생명의 윤회를 시작한다.

038 남인도 카르나타카주(州) 문고드, 티베트 난민 정착촌 혼례식

티베트에서 바다를 보다

한규동

　아버지는 추상화 같은 역동적인 바다였다. 잔잔한 호수가 아닌 폭풍처럼 밀려들어 가족과 뱃사람들을 놀라게 했다. 파도의 끝은 날카롭고 때로는 수만 가지의 흰 물꽃의 봉오리를 피워 놓는다. 폭풍이 지나간 자리에는 알 수 없는 고요함과 정적이 흐르면 뱃사람들은 닻을 올리고 바다로 향한다. 그 바다에서 고기를 잡고 희망의 그물을 내린다. 바다 안에는 은빛 희망의 갈치 반짝이고 있다. 헤아릴 수 없는 수초식물과 고기들이 공생을 하고 있는 곳, 그곳이 바다이다. 나는 지금 아버지의 바다에서 먼 항해를 하고 있다. 구름은 걷히고 은빛 물결의 수평선이 실처럼 팽팽하다.

039 남인도 카르나타카주㈜ 문고드, 티베트 난민 정착촌 혼례식

인연

박찬현

먼 먼 예전 우리는 연민이었나
말간 만남이 남겨둔 그리움이었나
전생 저편에 가져 온 믿음 그루인가

두 번 다시 인연으로 만나지 말자던
뜨거움 잠긴 쉰 목소리던가
죽어도 아니 볼 것이라던 공명空名

그리움 나리꽃으로 피었다지고

소생한 억겁의 진실한 사연이
또 한 생 맺어지는 날,

하얀 수건에 축복이 스며들고
순결한 사랑 오래 오래 하나이길
영원무궁 천상에 오르는 날 믿으며

부드러운 바람길 푸른 숲속으로 가고
긴 수건 펄럭이는 언약 아래 미쁜 인연

040 남인도 카르나타카주(州) 문고드, 티베트 난민 정착촌

망명의 즐거움

한기홍

그 오색 천을 휘감은 산맥의 정령들이
모두가 깊은 잠에 들었을 때
나는 망명정부의 궁휼한 시인으로서,
아니 뒷골목 어스름한 모퉁이에서 입술을 깨물며
단도를 버리고 있는 혁명가들의 누이로서,
이 고운 찻잔에 단향檀香을 끓여 넣는다.

옛적 극동의 작은 나라 코리아에서 태어나
망국의 한을 헤이그 하늘에 뿌렸던
이준李儁이라는 젊은이의 그날 마음처럼,
이 고운 찻잔에 단향을 끓여 넣는다.

망명의 즐거움은 아릿한 번민의 연속이어서 좋다.
히말라야 정령들이 차츰 깨어날 때
나는 망명정부의 궁휼한 시인으로서,
오늘 내일 모레의 점괘를 슬며시 던져보며
목울대를 치는 가련한 민족의 흐느낌을 손끝에 모아
이 고운 찻잔에 단향을 끓여 넣는다.

041 남인도 카르나타카주州 문고드, 티베트 난민 정착촌

독백

주민아

1935년 어느 날, 나는 태어났습니다.
1937년 어느 날, 나는 바다처럼 넓은 스승의 환생이라고 인정받았습니다.
이 세상에서 가장 높은 고원, 온 세상 물의 기원이 모인 호수 나라에서,
나는 고원의 스승도, 호수의 스승도 아닌,
바다처럼 넓은 지혜를 지닌 스승이 되어야 했습니다.

1959년 어느 날, 나를 대신해 순박한 사람들이 쓰러졌습니다.
1959년 그 어느 날, 나는 헤아릴 수 없는 주검 위로 통한을 쏟으며
히말라야 운무 속으로 들어갔습니다.
목숨을 내놓아야 할 그때, 나를 살린 것은 티베트의 눈물이었습니다.
목숨을 내놓고, 그 후로 나를 따른 것은 티베트의 눈빛이었습니다.

1989년 어느 날, 나는 세상을 향해 티베트의 향기를 전했습니다.
1989년 그 날 이후, 티베트는 전 세계의 룸비니로 다시 태어났습니다.
떠도는 사람들, 그 고통의 세월이
삶을 잇는 윤회의 바퀴가 되어
아름드리 세상 사람들을 안아주었습니다.

지금, 나는 감히 대자대비를 향해 갈고 닦고 있습니다.
지금, 나는 감히 동방의 불꽃을 찾아갈 꿈을 버리지 않습니다.
비록 정치의 틀 안에 갇혀 있다 해도,
두 눈에 티베트 고원과 남쵸를 담은,
나는, 달라이 라마이기 때문입니다.

종교의 화합을 바라며…

박병조

나는 어머니의 신앙과 사랑을 물려받았다.

어머니는 6남매의 막내로 태어난 나를 가엽게 생각한 탓인지 어디든지 데리고 다니셨다. 내가 여섯 일곱 살은 되었을까. 일요일이면 어김없이 나를 데리고 성당에 다니셨는데 어릴 적의 소중한 기억으로 남아 있다. 어느 날은 종종 가기 싫어했던 날도 있었다. 그럴 때면 명동성당의 가까운 언덕에 좌판을 벌여놓고 행상을 하셨던 할머니가 생각났고 사과상자 위에 놓인 풍선껌이 눈앞에 어른거려 못내 따라나서고는 했다.

성당의 미사는 경건하고 엄숙했다. 어머니는 하얀 미사보를 꺼내 머리에 썼는데 그 순간부터 미사가 끝날 때까지 나는 자유로웠다. 대부분 성당에서 빠져나와 미끄럼을 타거나 성모동산 앞에서 무릎 꿇고 기도하는 사람들을 지켜보며 놀았다. 간혹 외국인 신부님께서 미사 집전할 때도 있었는데 그 때는 성당 내에서 오랫동안 머물렀다. 그의 이국적인 모습과 더듬더듬 거리는 꼬부랑 말투에 신기한 흥미를 느꼈고 왜 우리나라에 왔을까 하는 의문의 생각도 들었었다.

내가 초등학교 5학년쯤이었을까. 그 해 여름으로 접어드는 6월의 초순 무렵 어머니는 장충단 공원 앞길에서 쓰러지셨다. 고혈압의 뇌졸중이었다. 바로 성모병원으로 입원하셨기에 성모동산의 성모님을 매일 볼 수가 있었다. 어머니의 손에는 늘 연둣빛 감도는 야광묵주가 들려 있었는데 어둠 속에서 뿜어내는 영롱한 빛을 좋아했다. 낮에는 일부러 이불을 뒤집어쓰고 묵주 알을 세어보곤 했다. 어머니의 병은 상당히 위중했었다. 의사는 집에서 편안하게 임종을 지켜보는 것이 좋을 것 같다고 퇴원을 권유했었다. 아버지와 누님의 동공에는 슬픔의 빛이 가득 넘쳐났고 양어깨는 풀죽은 듯 처져 있었다. 나에게도 알 수 없는 막연한 두려움이 찾아왔고 몸은 저절로 움츠려 들었다.

다행히 어머니는 이웃집 아저씨 덕분으로 7년을 더 사시다가 돌아가셨다. 당시 이웃집에는 노부부가 살았었는데 일찍이 미국으로 유학을 떠났던 아들이 있었다. 그 후 아들은 거기서 의사가 되었고 오랜 기간의 외유 끝에 향수병이 도져 돌아오기 위해 거처를 마련하는 중이었다. 우연히 어머니의 상태를 전해 듣고 진찰을 해주셨다. 어머니는 그의 약 처방전 후 생기가 돌았다. 비록, 반신불수의 후유증이 남았지만 신기하게도 의식은 더욱 명료해지셨다. 어느 날 어머니는 꿈 얘기를 나에게 들려주셨다. (어머니는 파란 초원이 끝없이 펼쳐져 있는 벌판에 누워 있었고 그 앞으로 양떼를 몰고 오는 사람이 있었다. 그 목자는 가는 걸음을 잠시 멈추고 어머니에게 다가왔다. 그리고 살며시 무릎걸음으로 앉아 손으로 이마를 짚으며 말했다. "여기에도 나의 불쌍한 양이 있었구나." 그러자 어머니의 몸에서 많은 벌레가 기어 나와 뿔뿔이 흩어져 도망갔다.) 이 얘기는 신앙의 신비로 내게는 영원한 동경의 것으로 아로새겨졌다.

나에게 신앙이란 조건 없는 어머니의 사랑과 같다.

어느 종교이든 간에 신실한 삶 안에는 고요한 평화와 기쁨이 깃들기 마련이다.

지구상의 모든 종교 심지어는 무속신앙의 행위 안에도 그들만의 고유한 삶과 역사가 빚어낸 문화가 자리 잡고 있는 것이다. 원래 종교는 인간적 행위를 지향하는 윤리적 규범 위에 자리 잡고 있었다. 그런데 인간의 생물학적인 욕구의 원용으로 말미암아 종교분쟁으로 탈바꿈되어지는 것이다. 전쟁을 이기기 위해서 죽음도 두렵지 않을 용기와 명분이 필요했고 거기에 이기적 갈등보다는 종교적 이념의 이유가 필요했을 것이다. 결국, 종교의 구원과 갈등이란 틈 사이에서 천문학적인 재산과 인명 피해의 전쟁이 저질러지고 있었던 셈이다. 이제는 세계 모든 종교적 이념도 인본 중심의 진리를 지향하고 화합으로 나아갈 절실한 시기이다. 개인의 삶은 물론 국가와 국가 간의 관계에서도 이해와 배려가 있는 상호존중의 마음과 자세가 필요하다. 그래서 적극적이고 책임 있는 소통의 관계가 바람직하며 그 활성화는 온 누리에 사랑과 평화로 이어지는 가교가 될 것임에 틀림없다.

042 남인도 카르나타카주 문고드, 티베트 난민 정착촌

043 남인도 카르나타카주써 문고드, 드레풍사원

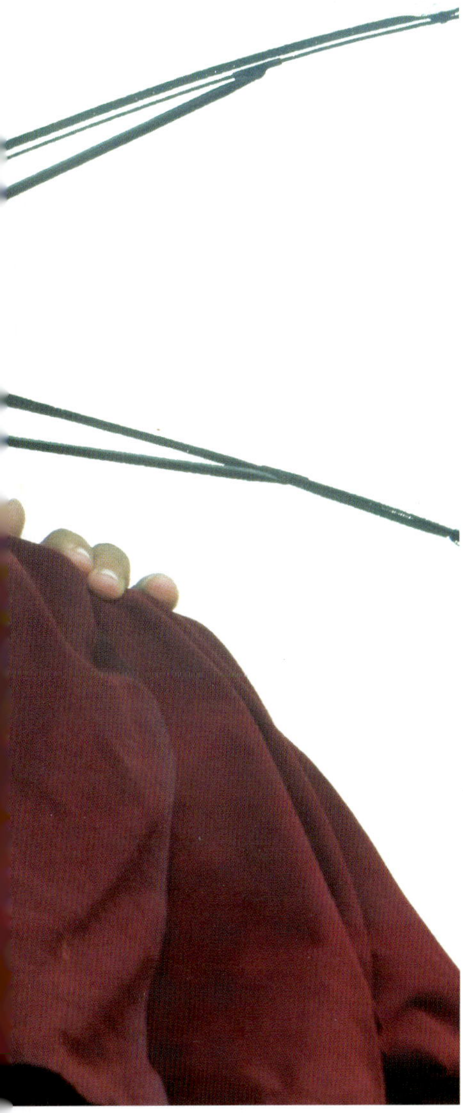

염원

유경재

상심의 눈물은 천둥 빗소리되어 속삭임을 감춘다.
동무야 어디 가려하느냐.
늙은이의 할퀴고 간 자국을 보느냐.
늙지 않는 이글거리는 눈 속으로 들어가라.
너의 어미의 오체투지를 아느냐?
피 삼킨 상처를 핥은 것이 아느냐?
너의 아비의 오체투지를 아느냐?
성산에 길을 내어 승리의 깃발을 꽂기 아니 함이냐.
네 얼굴에는 달라이 라마가 있구나.
그 얼굴로 향하는 수많은 눈길을 아느냐.
그에게서 잃어버린 조국을 찾는 눈길을 느끼느냐.
동무야 무엇을 논하며 가느냐.
거룩한 성산 성스런 죽음조차 거부하는 그곳까지 동행하라.
그곳에서 그 옷을 벗으라.
오체투지도 끝내라.
잃어버린 시선도 그곳에 머물게 하라.
그날에 이르기까지 그 길을 가라.

044 남인도 카르나타카주州 문고드, 티베트 난민 정착촌

오늘도 당신을 위해 기도합니다

전선애

평생을 이곳에서 기도하며, 참 많은 얼굴들을 보았습니다.

어떤 이는 황금을 산더미처럼 쌓아두고도 전전긍긍합니다.
어떤 이는 맨발로 춤을 추며 신의 영광을 노래합니다.
어떤 이는 다 가졌음에도 더 갖게 해 달라 울부짖고,
또 어떤 이는 다 내려놓은 후 비로소 세상을 품었음에 감사의 고백을 합니다.

같은 인생인데 참 다르지 않습니까.

소중한 것은 대가를 요구하지 않습니다.
값비싼 대가를 요구하는 것들은 없어도 괜찮은 것들입니다.

순례자여!
오늘도 저는 당신을 위해 기도합니다.
인생의 진정한 가치를 발견하기를
감사함으로 남은 인생을 마주하기를
그리고 당신의 마음에 평안이 있기를

3 옛 영화를 찾아서
(서장자치지구 포탈라궁, 죠캉사원, 타쉬룬포사원, 백거사)

045 포탈라궁 布達拉宮

아그라와 라싸에서 잠들다

주민아

17세기 중반, 인도의 아그라
한 남자의 사랑이 땅 위에 솟았다.
왕은 죽은 아내를 위해 찬란한 무덤, 타지마할을 지어 바쳤다.
수십만 명이 손목을 잘린 채 죽어갔다.
그는 야무나강 너머 타지마할이 바라보이는 성 안에 갇혀 생을 마쳤다.
그러나 오늘날 사람들은 오직 그의 사랑만을 기억하며,
수면에 비친 타지마할의 서글픈 영혼과
태양빛에 비친 타지마할의 빛바랜 영광을 떠올린다.

17세기 중반, 티베트의 라싸
한 남자의 미래가 해발 3천 미터 높이에 우뚝 섰다.
왕조는 과거의 영령을 위해 찬란한 사당, 포탈라궁을 새로이 세웠다.
천 년 전 공주를 위해 지은 붉은 언덕의 관음보살 궁이
천 년이 지나
달라이 라마를 눈물로 보내는 흰 돛단 석별의 항구가 되었고,
그 은밀한 미로 속에 역사와 자긍심을 숨겨야 했다.
그러나 오늘날 사람들은 오직 포탈라의 진실만을 기억하며,
키츄강 노을 위로 흐르는 포탈라의 서글픈 현재와
마르뽀리 서산 너머로 포탈라의 빛바랜 미래를 떠올린다.

아, 지극한 아름다움은 끝내 삶의 고통과 함께 하나니!
오늘도 시간의 나그네는
아그라와 라싸에,
타지마할과 포탈라에,
눈물로 잠이 든다.

046 포탈라궁 布達拉宮

포탈라궁

조장현

성스러운 어머니의 강
야루짱부(알롱창푸라고도 함)강을 흘러
라싸에 이르면
북쪽 기슭 해발 3,658m 붉은 산 위에
세계에서 가장 높은 도시가 있다.

오르고 또 오르고
끝없이 올라야 할 것 같은 계단을
인간의 번뇌를 극복하는 마음으로 오르다 보면
끝자리 어디선가
7세기 옛 시간의 역사가 그려진다.

인도로부터 불교와 문자를
중국에서 천문학과 수공예품을
네팔과 몽골로부터 재화를
그리고
위구르에서 법을 들여와
티베트의 번영을 꿈꾸었던
송첸캄포왕(기원 619~650)의 시간이 정지한 곳

아들 궁스롱 궁첸왕(재위 641~643)을 먼저 보내고
며느리 문성공주(당나라 태종의 딸)를
자신의 아내로 맞아들여야 했던
송첸캄포왕의 마지막 호흡과 운명을
묻은 곳이 여기에 있다.

7세기를 지나며

큰 바다와 같이 넓고 큰 덕을 가진 스승
달라이 라마의 겨울 궁전으로
5~13대 달라이 라마의 유체영탑을 간직한 채
1300여 년의 시간을 운명처럼 견디며 서 있는
보살의 궁전

희고 붉은 포탈라의 궁전은
수많은 티베리안과 수도자,
관광객과 군인들을 어우른 채
행복하고 따뜻한 일상과
때로는 안타깝고 슬픈 시간의 기록을 써 내려가며
오늘도 그 자리를 지키고 있다.
그렇게 시간과 역사의 흐름을 견디어 내고 있다.

047 포탈라궁 布達拉宮

바라고 바라옵나이다

석지원

온 우주의 존재에게 바라고 바라옵나이다.
우리는 하나이자 여럿이며, 여럿이자 하나이오니
너와 나 나누면 서로 남남이지만, 우리라 하면 함께 살아가는 것이오니
우리 함께 살아갑시다!

온 우주의 존재에게 바라고 바라옵나이다.
우리라 하면 가족이나 주변 동료뿐만 아니라 한 나라, 지구, 은하계, 온 우주가 하나이오니, 나와 가족만을 생각지 말고 좀 더 넓은 눈으로 세상을 바라봅시다!

온 우주의 존재에게 바라고 바라옵나이다.
내가 지금 한순간을 살아가는 데 있어서, 햇빛과 달빛으로부터 땅속의 미생물까지 모두 내 몸 안에 들어와 있어, 온 우주 존재의 도움 받지 않은 것 하나 없는 것이 우주의 섭리이니 항상 감사하는 마음을 가집시다!

온 우주의 존재에게 바라고 바라옵나이다.
나를 이루고 있는 모든 것들 온 우주 존재가 없었다면 나는 한순간도 존재할 수 없으니, 온 우주 존재에게 사랑의 마음을 전합시다!

온 우주의 존재에게 바라고 바라옵나이다.
이웃에 대한 반목과 시기, 질투는 우리가 모두 하나임을 통절이 알지 못하기 때문이니, 싫음과 미움 내려놓고 이해와 배려하는 마음으로 감사와 사랑을 실천해 나갑시다!

048 포탈라궁 布達拉宮

탐방오공

석창성

내가 누구냐
성은 손이요
이름은 오공이라
꼬리는 가사자락에 감추고
긴 잠결에 기지개차 나섰다.

여기가 어디냐
포탈라라
현신노승의 처소로구나.
주인은 어디 가고
근심만 가득한고
빈 배로 구름 위를 떠도니
바람에 쓸려 어지럽구나.

홍궁은 부처님을 향하고
백궁은 백성을 향하였구나.
만백성이 오체를 던져 낮추니
가만히 있어도 공덕이 부처님께 이른다.
하늘빛을 보아라.
구름이야 천년을 알까.
만년을 알까.

세상이 계속되는 한
생명이 존재하는 한
그때까지 나도 살아
이 세상의 온갖 고통을 물리친다 하였으니
무엇이 근심이랴.
나와 도반함이 어떠한가.
소 등 타고 지나온 길
근두에 올라 돌아가자.

보아라
구름 위를 노닐다 햇살이 비치면
악귀는 사라지고
대자대비 광명이
온 세상에 비치는도다.

049 죠캉사원 大昭寺

오체투지, 티베트의 심장 조캉사원까지 왔다

임연수

잃어버린 조국의 참담함에
영혼을 앓던 뜨거운 고열과
가슴의 생채기와 허허로움을
탐구적 자세로 승화하듯,
낮은 대지에 오체투지한다.
순례자의 종착지이며
티베트 정신의 구심점 심장부인
조캉사원까지 왔다.
조오 석가모니불을 조례하고
자신의 고행이 참된 의식이며,
선을 지닌 붓다임을 깨닫는 여정이던가.
더 내려놓을 수 없을 만큼의
낮은 자세로… 뼈마디마디, 근육, 신경들이
비명으로 아우성친다.
육신의 고통쯤이야 이미
불연佛燃정신의 절정을
무너뜨리지 못할 만큼 초월했다.
마치도, 미물이 기어가듯,
흙에 맞닿은 순간
번뇌를 내려놓음이고,
내뿜어지는 탁한 숨은 허공에 날리며,
두 손 모아 하늘로 들어올려진 순간은
온전히 봉헌된 겸허함이리라.

지구촌 현시대의 문명인들 삶.

어떠한가 되돌아보아진다.
문명의 이기와 풍요함의 독소에
반격 당하고 있지는 않은가?
육신은 문명병에 찌들리고,
정신은 촉촉함의 여유를 잃고
메마른 공허 속으로 쫓기듯 내몰리며
방향과 가치관이 흔들리며
침범 당하는 정체성은 과연 무엇이던가?

저렇듯, 오체투지하며
간절한 염원을 고행하는
티베트 순례자들의 정신만큼은
그 어떤 힘의 논리로도
함부로 범접하지 못하리라.
합장한 손.
이 세상에 나서 한 영혼의 영성이
보이지 않는 그 무엇에의 아니,
시작도 끝도 아득한 무한 우주에의
흠모와 자비를 갈망하는 완벽한,
지상에서의 봉헌이며 기도이리라.

티베트여! 티베트인이여!
부디, 자유로우라. 아니,
자유로운 영혼을 찬미한다.
옴마니반메훔OM MANI PADME HUM

붉은 망토를 입은 자작나무

한규동

생각이 깊은 나무는 가지 뻗을 곳을 미리 마련한다.
뿌리를 뻗어 힘을 지탱하고 중심을 찾는다.
뿌리는 물줄기를 찾아 땅속으로 들어간다.
땅속을 파고들어갈 때는 수도자가 된다.
칠흑 같은 밤이 온다.
오로지 뿌리 끝의 감각으로 깊이 파고들어간다.
물줄기가 보일 때까지 때로는 바위의 틈에서
석공처럼 바위에 칼날을 세워야 한다.
그때, 생각의 노동은 단단한 몸으로 만들어진다.
봄이 되면 자작나무는 잎을 넘기며 법문을 읽기 시작한다.
나무는 한곳에서 자라서 그곳에서 생을 마감한다.
바람, 눈, 비를 받아들이며 법문 읽고 독백을 하기도 한다.
풍요로운 봄과 여름이 지나면 몸집을 줄이기 시작한다.
몸속에 있는 물을 뿌리로 내리며 겨울을 준비한다.
바람은 더욱 차고 눈발이 시련으로 다가온다.
여름 내 입고 있던 옷을 벗어 놓으며 동안거를 들어가는 자작나무
붉은 망도 안에 단단해진 근육들 땅속에서 법문으로 다져진 뿌리
벗어 놓은 낙엽은 썩어서 다시 스님의 몸속으로 들어갈 것이다.
생각이 깊은 나무는 미래를 두려워하지 않는다.
사과 한 알이 둥근 것처럼 우주가 둥근 것을 알고 있기 때문이다.
이제, 붉은 망도 위에 흰 눈발이 내릴 것 같다.

051 죠캉사원 大昭寺

필수영양소

석지원

인간의 몸에 필요한 필수영양소[essential nutrient, 必須營養素]란 인체 내에서 합성이 잘되지 않고 외부에서 그 물질이 공급되지 않을 경우, 생존 및 성장에 현저한 장애를 주는 영양물질로 필수아미노산, 필수지방산, 비타민, 미네랄 등이 있다고 합니다.

인간의 몸에 생존 및 성장에 현저한 장애를 주는 필수영양소가 있다면 그렇다면 인간의 정신적·영적 성장을 위한 필수영양소는 무엇이 있을까요? 조금 생소할 수도 있겠지만 제 생각엔 '부끄러움'이라고 생각합니다. 물론 부끄러움에도 여러 가지가 있습니다. 다른 사람 앞에 나서길 어려워하는 것, 모욕이나 망신을 당했을 때, 수치스러울 때, 수줍음을 타는 것, 창피스러운 것, 후회스러운 것, 혹은 남을 속이거나, 혹은 자기 자신을 속여서 잘못했다고 생각했을 때 뉘우치는 것 등이 있습니다. 망신을 당하거나 수치스럽고 창피하다고 느끼는 것은 남들에게 자신이 형편없다고 느껴질 때 부끄럽다고 생각하는 감정들입니다. 이런 감정들은 마음을 위축시키고 불쾌하게 하며 그런 감정들을 갖고 싶어 하는 사람은 아마도 많지 않을 것입니다.

그러나 남을 속이거나 혹은 자기 자신을 속인 것을 잘못했다고 느꼈을 때 뉘우치는 것은 어떨까요? 스스로에게 정직하지 못하거나 순간 잘못 생각해서 저지른 일들, 자신도 모르게 말하고 행동해 버린 것들, 상황에 밀려서 행동한 것들, 습관적으로 사람들을 불쾌하게 하는 것들, 주변을 의식하지 않고 자기 멋대로 해버리는 것들… 우리는 살아가면서 참 많은 실수와 잘못을 저지르고 남을 불쾌하게 하거나 괴롭히기도 하며 스스로를 궁지에 몰아가기도 합니다. 돌아보면 후회스럽고 안타깝게 흘러가버린 일들… 바로잡고 싶어도 바로잡을 기회가 없는 일들도 있고, 크게 용기 내어 사과하고 개선할 수 있는 일들도 있고 용서를 구해서 사과를 할 수 있는 일들도 있습니다. 그리고는 마음을 다부지게 먹고 다시는 그런 실수를 하지 않겠다고 다짐할 수도 있습니다. 그렇지만 한두 번의 다짐으로는 쉽게 고쳐지지 않는 것들이 훨씬 많음을 알 것입니다.

지난 실수를 잘못됨을 뉘우치고 다시는 이런 실수를 하지 않겠다고 다짐하는 것을 어려운 말로 참회懺悔라고 합니다. 참회를 부끄럽게 여기는 것이라고 간단히 말할 수도 있고 한 글자 한 글자 풀어서 뜻을 분명히 할 수도 있습니다. 참懺이란 지나간 과거의 잘못을 뉘우치는 것이며, 회悔란 다가올 미래에 같은 실수를 반복하지 않겠다고 굳게 다짐하는 것을 말합니다. 또 '참'이란 자기에 부끄러움이며, '회'란 남에 대한 부끄러움이라고도 합니다. 곧 지난 세월의 자기 부끄럼, 남 부끄럼을 알아 앞으로는 부끄럽게 살지 않겠다는 다짐이라고 할 수 있습니다. 부끄러움을 모르는 것은 스스로에게 정직하지 못하게 되며, 자기는 옳을지라도 주변 사람들을 힘들게 하며, 점차 주변 사람들이 사라져 버리는 결과를 가져옵니다. 만약에 어떤 사람이 이렇게 남 혹은 자신에게 부끄럽게 여기고 뉘우치는 마음이 없다고 할 때 그 사람의 마음은 어떻게 흘러갈까요? 성인군자가 아닌 이상 아마도 자기 멋대로 흘러갈 것입니다. 물론 인성교육이나 종교생활을 통해서 옳음과 그름을 인지시킬 수는 있지만 그것을 받아들여 지키고 어기고는 당사자의 마음에 따라 달려 있습니다. 우리의 마음은 어린아이와 같아서 순수한 면도 있지만 장난꾸러기 같은 마음은 타이르고 타일러서 가다듬지 않으면 곧 자기 습관대로 흘러가 버리고 말아서 주변을 곤란하게 만들어 버립니다. 어렸을 때는 어머니가 타이르기도 하고 때론 매를 들어서 가르쳐 주지만 나이가 들어 스스로 책임질 만한 성인이 된 후에는 옆에서 그렇게 자상하게 잘못을 지적해 줄 사람은 그리 많지 않음을 스스로 알 것입니다.

한편 살다보면 마음을 깨워주는 글을 읽거나 자신의 멘토에게 어떤 말을 듣고 마음에 다가와 스스로를 돌아보는 때가 가끔이 있는 것 같습니다. 이때 마음에 자각이 일어나 너무나 많은 실수 속에서 살면서 주변 사람을 힘들게 하고 나 자신을 힘들게 한 것을 느끼고 문득 지나간 세월 동안의 잘못에 용서를 빌고 다시는 이런 실수들을 반복하고 싶지 않다고 생각하기도 합니다. 이러할 때 저는 그 사람의 정신적 영적 성장이 일어난다고 생각합니다. 좀 더 성숙해지고 스스로에게 정직해지며 자신을 돌아보아 남의 실수를 이해할 수 있는 자신을 발견하면서 스스로의 마음이 더 깊고 넓어지는 것이지요.

하루 이틀의 실수로부터 일주일, 한 달, 1년, 10년… 자신이 살아오면서 알든 모르든 지어왔던 실수 때문에 아파했던 모든 사람들에게 잘못을 뉘우치고 실수를 반복하지 않겠다고 다짐하며 참회하는 행위가 여러 가지가 있겠지만, 그중에 가장 효과적인 방편의 하나로 머리를 숙이고 몸을 구부려 바닥에 대고 절을 하는 것입니다. 머리를 숙이며 몸을 구부리는 것은 마음도 또한 아만我慢을 꺾고 가장 낮은 위치로 향하는 것입니다. 몸과 마음은 둘이면서 둘이 아니기에 참회하는 마음으로 다른 사람의 발 아래로 몸을 낮추면 콧대 높은 마음도 함께 자신을 낮춰 지난날 잘못을 부끄럽게 여기고 용서를 구하며 다시는 실수를 하지 않게 다짐을 하며 아만我慢으로 가득찬 마음을 비워나갑니다. 마음이 아만에서 비워질 때 몸속에 자리잡은 독소들도 빠져나가며 몸과 마음이 함께 청정해지는 것이지요. 그렇게 몸과 마음을 하나로 하여 잘못을 뉘우치며 절을 해나가면서 몸과 마음으로 지은 잘못을 뉘우치며 다짐을 해나가며 비워가며 스스로 성장해 나가는 것이지요.

동북아 지역에서는 엎드려 절하는 것으로 참회를 하지만 티베트에서는 더욱 적극적으로 온몸을 바닥에 던지며 온 우주를 향해 잘못을 참회합니다. 수많은 생을 살아오면서 헤아릴 수 없는 사람들에게 지어 온 잘못들을 모든 생명체에게 지은 잘못을 온몸을 던지는 '오체투지五體投地'를 하며 성지聖地를 도는 '코라'를 하는 것 또한 티베리안들의 참회법입니다. 요즘 한국에서는 '나를 깨우는 108배'라 하여서 종교에 상관없이 참회하는 방법도 나와 있으며, 꼭 절을 하지 않더라도 자기 자신의 영적 성장을 위해서 끊임없이 부끄럽게 여겨 뉘우치는 참회라는 영양제를 꾸준히 복용하는 것은 두말할 나위도 없을 것입니다. 몸에 필요한 필수영양소도 건강한 몸을 유지하려면 평생 먹어야 하듯 정신을 위한 필수영양소도 마음에서 저절로 생성이 안 됨으로 평생 복용해야만 합니다. 그렇다고 복용 안 한다고 어떻게 되는 건 아닙니다만 정신의 성장은 제자리를 맴도는 것뿐이겠지요. 몸은 성장에 한계가 있지만 마음은 성장의 한계가 없습니다. 정신과 영적인 성장을 위해 자기 부끄러운 줄 알고 남 부끄러운 줄 알아 지나간 잘못을 뉘우치고 다가올 미래에 같은 실수를 반복하지 않도록 참회라는 필수영양소를 늘 복용합시다!

052 죠캉사원 大昭寺

풍경소리 혼 빛을 머금다

조성범

자연의 혼 빛을 숨소리로 고르고
종소리로 울려 퍼져 땡 땡 땡
영혼의 숲 소리가 가슴을 춤추게 해
첩첩산중의 산소리를 바람에 담아
풍경소리에 우려내고 사방으로 울려 퍼져
산천초목의 소원으로 둘레에 모여 밥술 들고

산짐승의 울부짖음 새의 숨소리
바람이 되어 풍경으로 몰려들고
놋쇠에 장인의 혼이 숨어 가락으로 쓸어내려
산하가 풍경소리 되어 길을 걷고 있네
봄 여름 가을 겨울 사계의 소리를 듬뿍 담아
산중의 소리향기가 울려 퍼져

뎅그렁뎅그렁 새벽의 고요를 담아내고
풀빛 소리 울림이 천 년 묵은 기왓장에
숨어 있다가 빛의 소리로 울려 퍼져
아낙네의 소원이 풍경에 실리고
산하의 숨소리로 깨어나
들녘의 향기로 돌려주고 달빛에 태워

한 맺힌 사람소리 통곡의 풍경되어 풀어 놓고
봄에는 종달새로 여름에는 빗소리로
하늘의 눈물이 돼 추녀에 매달리어
가을의 낙엽을 마중하고 겨울의 눈보라가
바람소리로 낙엽에 실려 산하를 쓸어가
천지의 이 땅에 웃음소리, 기쁨 소리가 되어

윤회輪廻

박찬현

12지간指間 찰나의 문門 안에서
정도를 닦고 수양하니
육신 태우던 불 숲이
오리무중 포연을 낳고
기화된 구름 생명 잉태하여
대지에 그 인연을 심으니
자라난 초목은 신성한 양식

우마牛馬 길짐승 날짐승
그렇게 돌고 도느니
해질녘 길게 우는 뭇짐승
전생 인연이라 했던가.

아트만이 들어 찬 인간
요행히 환생함이라
왜, 돌아왔는고
그 업보 치성으로 빌어
피땀 눈물로 주야晝夜 속죄하느니
환생 수레바퀴 벗어나
브라만이 거居하는 대大우주
해탈을 소원하노니

매양 빌고 염원하는 인생
억겁의 수레바퀴 벗어나려 함이네.

053 죠캉사원大昭寺

054 죠캉사원 大昭寺

당신을 바라봅니다

박모니카

당신을 바라봅니다.
당신을 마음으로 바라봅니다.
당신을 끝없는 마음으로 바라봅니다.

홀로 설 수 없기에
바라볼 수 있는 곳이 없기에
넉넉한 품에 기댈 이가 없기에

나는 당신만을 바라봅니다.
그래서 나는 당신 뒤를 이렇게 따르고 있습니다.

당신의 말씀에 위로를
당신의 미소에 사랑을
당신의 몸짓에 용기를
그렇게 하나씩을 나는 얻었습니다.

삶은 고통과 기쁨의 일렁이는 파도라
나약한 영혼, 지치기를 수없이 하다 보니
하늘 닿도록 기도 올리고
땅 패이도록 내 모든 것 맡깁니다.

새벽 하늘 어스름 해가 비칠 때면
오늘에도
나는 당신을 바라봅니다.
나는 당신을 마음으로 바라봅니다.

나는 끝없이
끝없이
당신을 향해 있습니다.

055 타쉬룬포사원

타쉬룬포사원

채원래

스승, 인생의 급커브

스승님이 예수님이던, 부처님이던, 공자님이던, 옆집 선생님이던지 스승은 스승이십니다.

스승은 우리 삶에서 '매혹의 화신'들이며 우리들은 스승님이 누군지도 모르고 먼 길을 찾아 발 벗고 나선 것이지요.

길 없는 길을 찾아 무작정 떠나면서 그들이 어디 계신지 우린 알 수가 없습니다.

한 번에 지름길로 가면 좋으련만 그게 쉽지 않습니다.

들은 풍월에 의하면 진리가 우리에게 자유를 주며 성인들이 이야기가 옳다는 것을 귀가 따갑게 들어 알고 있지만, 코끼리 코를 하고 몇 번의 제자리 돌기를 끝낸 후의 세상은 혼란스럽고 어지러울 뿐. 자신 스스로 찾는 것이란 불가능으로 보입니다.

세상에서 나름 성공하시고 명상에 관한 책을 많이 읽으신 어떤 분의 말씀이 생각나는군요.

"저는 크리슈나무르티의 말씀을 믿습니다. 스승 없이 혼자서 가라. 무쇠의 뿔처럼 혼자서 가라."

그 말씀도 절대 틀린 말은 아닙니다. 그러나 제 마음 한구석이 뜨끔 했습니다.

구도자란, 그 말씀이 어떻게 나왔는지를 살펴보셔야 할 줄로 믿습니다.

'자등명 법등명 自燈明 法燈明'이란 부처님이 마지막 가르침으로 노년에 도를 많이 닦은 수제자 아난에게 남기신 말씀입니다.

"너희들은 저마다 자기 자신을 등불로 삼고 자기를 의지하라. 또한 진리를 등불로 삼고 진리를 의지하라. 이밖에 다른 것에 의지해서는 안 된다"란 말씀이시죠.

그 말은 평생 공부를 한 제자들에게 이제는 뗏목(나, 곧 부처님)을 버리고 자신의 길을 가라는 말씀이시지 이제 공부를 시작하는 초심자에게 하신 것이 아닙니다.

여기서 정말 자신 스스로 등불을 볼 수 있느냐는 것인데.

등불을 보고 싶어 하는 마음, 곧 보리심 菩提心. 부처님께 귀의하여 깨닫고자 하는 마음에 의해서 결정됩니다.

보리심이 있는 사람이 저 앞서가는 사람의 말에 귀의하지 않을 수 있을까요?

화신이신 스승님의 손을 잡고 걸으면 이전에 걸었던 길은 제자리걸음이었다는 깨달음과 함께 반대의 길로 접어들게 되는 것입니다.

인생의 급커브 돌기가 시작된 것이지요.

집착, 슬픔, 분노, 공포 이것들이 커브를 돌 때 같이 사라집니다.

보리심이 가장 큰 자리를 차지하게 되기 때문이죠.

마음의 트럭에 실린 가볍고 중요하지 않은 것들은 먼지처럼 사라지고, 커브를 돌 때마다 하나씩 자취를 감추게 되며 긴 여행을 스릴 있게 즐길 수 있게 되는 것이죠.

스승님은 우리의 보리심이시며, 바로 그 보리심의 화신이신 것입니다.

056 타쉬룬포사원

타쉬룬포사원 오르는 골목길의 자화상

임연수

사원과 마을 잇는 골목길은
하늘과 땅의 경계를 넘나드는 통로인 듯,
삶과 죽음이 이어져 있듯 그렇게…
무심한 일상의 한낮은
청명하고 평화로운 풍경이다.
보도블럭 꼭꼭 다져진 길.
비오는 진흙길의 번잡함을 모면한 길.
그 틈새 흙의 생명력을 고집스레
절규하듯,
풀포기 비집고 자라나
푸르름의 자태를 춤추고 있다.

그렇구나!
예불시간 규칙에 맞추어진 삶.
때로는 눈이 시리도록 파란 저 하늘이 네모만큼밖에 보이지 않을 수도 있겠다.
보이는 것은 마음의 눈을 트이고
이상향의 정신과 영혼은
사방팔방 막힌데 없을
우주를 유영하는 수행이려 함인가?

청춘의 격정이 피 끓듯 솟구치고
꿈인 듯, 생시인 듯…
미혹되어 버린 처자의 고운 눈빛이
설레임의 혼미함으로 가슴을 흔들지라도
결연한 다짐 앞만 보고 가자던 길,
아쉬움의 허망한 눈길로
뒤돌아보지 말라.

두 손에 받쳐 든 함지박 맑은 물 속
비추어진 건 그대 자화상이 있다.
스스로의 모습에 도취된
나르시스 미소년
그리스신화를 아는가?
자아自我는 잊은 듯 비운 듯, 내려놓아
잠시 떨리며 천조각 만조각 파편으로
허공 중에 흩어져 별이 되었다.

그대 영혼의 위대한 지도자
'달라이 라마' 스승의 가르침에도
있지 않았는가.
당신 자신의 평화를 이루고,
그 평화를 다른 사람들에게 나누어주라 했다.
타인을 존중하고 행복을 바라고
고통에서 해방되기 바라는
마음의 본질성을 이해하고
자신의 집착을 버릴 때
진정한 자비심이며,
다른 사람의 행복을 도울 수 있다면
또한,
진정한 삶의 의미를 발견함이라 했다.

청청靑靑한 앞날도 희망인 동자승이시여!
오금이 저리도록 발목이 묶여 버린
그대 티베트 조국!!
청운의 꿈을 꾸고 이상향을 향해
앞만 보고 힘차게
가던 길 초연히 갈 일이리니…

창문

하재화

바깥세상을 향해 나는 항상 미소를 짓습니다.
누군가는 나를 바라보고 있으니까요.

태양이 나를 비추면 나는 그 빛을 내 눈에 꼭 감싸두었다가 눈물에 씻어 다시 깨끗한 빛을 비추어봅니다.
눈빛과 미소 안에 감추어진 것은 나와 신만이 알고 있습니다.
맑고 밝은 사랑의 빛을 위해 수천 번 눈물을 닦아 봅니다.

내 마음대로 되지는 않지만 항상 기도해 봅니다.
밝은 빛이 어두워지지 않기를
누군가의 기도와 사랑이 내게 와 닿으면 눈물로 다시 한 번 밝은 빛을 뿜어봅니다.
그리고 다시 밝아진 그 빛이 창문을 통해 다른 이들에게도 전해지기를 바랍니다.

눈물이 마르지 않기를 기도합니다.
내 영혼이 항상 감사와 기쁨에 젖어 있기를
나의 창문이 항상 빛을 받고 빛을 바라기를
빛의 따스한 온기마저 전해지기를
오늘도 젖은 창문을 닦아봅니다.

057 타쉬룬포사원

058 히말라야 소녀의 꿈

눈으로 걷다

조성범

말씀소리 담백해요
눈의 욕심을 가슴의 욕심으로 내려놔
싱그럽게 자유의 숲길에서
막장 춤을 쓰고 싶어
산다는 것
아름답다는 것
숨을 쉬고 들이키는 것
그 모든 것이 사랑이고 아픔이고
그것말처럼 눈물이 되어
마음속 깊은 곳을 마구 찌르다

눈으로 입고 말로 안고 가슴으로 살아
손끝으로 삶을 누비고 싶어
눈의 아름다움을 손짓에 양보하고
두 다리에 떨구고
숨소리는 가는 향기가 되어
눈빛으로 걷고 싶어라
사랑해요
눈빛의 참사랑이 살강살강하게
말로 빛으로 숨 빛이 되어 걸어가다.

059 타쉬룬포사원

꿈꾸는 나무

한은경

    나는 그림자를 밟고 지나와 쉬고 있다. 과연 나는 지나왔다 할 수 있는지. 밟았다 할 수 있는지. 내가 지나온 것은 벽면이요 밟은 것은 시간이다. 그림자는 시간이 지나면 떠나고 벽면은 한 차례 또 으스러진다. 나무줄기는 꿈꾸며 모양을 그려낸다. 그는 꿈꾸고 있다. 세상에 자신 스스로를 꿈꾸며 그려내고 꾸미는 것은 나무일지 모르겠다. 생각대로 자신을 뻗어내며 어떤 각도에서도 누구와 같지 않은 아름다움을 그려낸다. 그것은 꿈꾸지 않고는 불가능한 일이다. 그의 주름 역시 끝없는 꿈꾸기의 연륜이리라. 그의 이파리들 역시 그의 꿈을 닮아 지저귀고 있지 않은가. 바람에 부슬부슬 움직이며 서로에게 속삭인다. 그 한없는 말소리 속에 그들은 자신의 꿈 하나하나를 피워낸다. 이야말로 소통이 아닌가. 자신들 각각의 모습을 전체의 모습에 비추어 꿈을 품고 그려내고 이루어내지 않는가. 수많은 가지와 이파리들 중 어느 하나 한 공간에 둘이 있지 않음을 이들은 의논 끝에 정한 것이다. 얼마나 보람 있는 모습인가. 나는 언제쯤 저 경지에 다다를 것인가.

060 쿰붐사원 白居寺

코스모스 연가

황인수

바람이 머물다 간
중세의 정원
하늘이 내려와
가을이 핀다.

어제도 오늘처럼
바람이 불어
천 년을 하루 같은
코스모스 연가인가
가을엔 늘 곱다는
가을바람에
미소처럼 흩날리는
산사山寺의 향기

오늘도 어제 같은
바람이 불어
먼 기억의 파편처럼
별이 지고 달이 지고
휘엉청 달보름에
산그림자 훤한 밤
달덩이 연등처럼
들국화들 피고 지고
구름 사이 새벽별

새하얗게 조는 밤
연분홍이 부끄러워
코스모스 한 잎 지고
먼 길을 사위어 온
노쇠한 별빛
당태종이 내 그리워
양귀비꽃 붉게 피는
어제도 오늘처럼
바람이 불면
천 년의 기억처럼
별이 지고 달이 지고
흔들리는 기억처럼
꽃이 피고 꽃이 지고

오늘도 어제처럼
바람이 불어
천 년을 하루 같은
코스모스 연가인가
꽃 피고 꽃 지던
정토淨土의 후원
오늘은 가을이
우주가 된다.

061 쿰붐사원白居寺

바람 한 점 남아 있지

한기홍

가슴속 깊은 곳에
구멍 하나 있지
떠난다는 말들,
기다릴 수 없는 얼굴들에게
그저 어설피 웃기만 하는
그 미련하기 짝이 없는
검은 구멍 하나 있지.
철없이 기웃거리던 후조 한 마리마저
상처될 그리움으로 날아가 버리면
모두가 서글퍼질 빈 구멍에
그래도 바람 한 점 남아 있지

메아리된
기다린단 말 한 마디,
말없이 돌아서서 만져보는
더 깊어진 구멍 속의 소리들
무엇을 더 잃으랴, 더 기다리랴
텅 빈 미소 훌쩍이며
반평생 날 어르고 팽개친
바람 한 점 있지
내일도 오늘도
애잔한 옷깃에 갈무리할
바람 한 점 남아 있지

집

김종제

남은 생애를
슬쩍 기대어 살고 싶어,
너의 몸에 집을 짓는 중이란다.
너의 여린 마음을 깊게 파서
주춧돌 다져놓고
곱게 다문 입술에
대들보와 기둥을 올리고
선한 눈빛으로
서까래와 지붕을 얹으면
누구에게
무엇 하나 방해받지 않은
일 년 삼백예순 날, 하냥
꿈결의 사랑을 나눌 수 있도록
너의 가슴에
방 한 칸 만드는 것이란다.

때때로 찾아올 손님과
차 한 잔 마시며 꽃 피우게
창 없는 마루를
너의 어깨에 깔아놓고
밥 한 공기에
된장 한 그릇과 김치 한 접시
숟가락과 젓가락이 전부인
소반을 놓으려고
너의 무릎에 부엌을 들인다.
쏟아지는 애증의 눈비라든가
불어오는 간난의 바람이라든가
내가 세운 집이
조금씩 허물어진다 하더라도
내 이름 새긴 문패를
너에게 걸어 놓고 싶은 것이란다.

062 쿰붐사원 白居寺

4 히말라야를 걷다
(에베레스트 가는 길)

산

변성래

산은 우리에게 그냥 산이 아니다.
산은 우리에게 깨어 있기를 바란다.
산은 있는 그 자리에서 우리의 삶이 더욱 겸허해지길 원한다.
눈 덮인 정상이 그 언젠가는
칠흑 같은 바다 밑바닥이었다고 한다.
정상이라고 우쭐대지 말 일이다.
언제 바닥으로 내려앉을지 모른다.
바닥이라고 무릎 꿇지 말 일이다.
언제 어느 때 위로 솟을지 모른다.

또한
산이 전해주는 말이다.

"사람들아 제발 바라건대 산을 정복했다는 말은 하지 말지어다.
단지 내가 품을 열어주는 것뿐이다.
교만한 자들에게 줄 수 있는 것은
영원한 안식이다."

산은 언제나 그 자리에 있다.
다른 것은 그저 지나갈 뿐이다.

063 넨칭캉샹봉(해발 7,191m)

064 황허黃河와 창쟝長江(양쯔강)의 발원지, 타타하

블랙야크
길을 잃은 청춘들에게

장상현

그대는 지금 어디로 가는가?
해가 지고 땅거미 내려앉으면
그대의 지친 몸 뉘일 곳 찾아 헤매이는가?

그대는 누구와 함께 가는가?
거칠고 차가운 인생길을
그대는 누구를 의지하여 가려 하는가?

그대는 바로 가고 있는가?
어릴 적 그리던 그대의 꿈을 향해
그대여 희망을 잃지 않고 묵묵히 가고 있는가?

그대가 바라던 레드카펫이 아니더라도
그대 꿈꿔 오던 꽃길이 아니더라도
그대 외로움에 눈물이 흐르고
그대 홀로 걷는 힘든 길일지라도
그대를 믿고 한 걸음 더 나아가라

외로움이 흐르고 절망의 어둠이 덮을 때면
그대에게 두렵고 힘든 길이 될 수 있지만
그 길에도 이미 앞서간 선구자가 있을 테니
그대여 용기를 내어 걸어가라
그대여 희망을 가지고 걸어가라
그대의 꿈을 향해서
그대를 믿고 한 걸음 더 나아가라

쿤둔의 마지막 장면

채원래

영화 〈쿤둔Kundun(성하)〉의 마지막 장면이라는 이 사진을 보면 숨이 멎을 듯 가슴이 아려온다.

보는 이의 마음도 푸르게 물들이는 쪽빛의 산하를 두고 떠나야 했던 티베트 사람들의 마음이 어떠하였을까?

히말라야의 바람이 한 조각이 스며들어 속삭이는 소리가 들렸다.

"제 이야길 들어보세요.
제 이름은 '쉐라암 감츠오'입니다.
중공군의 박격포에 두개골을 맞고 곧바로 죽었지만 영은 곧바로
빛을 따라가지 못하고 불사不死의 신 가루다Garuda와 이곳을 떠돌고 있습니다.
티베트의 수도 라싸Lhasa의 시민이었던 아버지도 중공군의 손에 죽었지요.
가족의 부양을 해야 하는 맏이였지만 조국의 자유로움을 택했지요.
제 소원은 티베트의 독립이며 쿤둔을 지도자로 모시고 사는 것이었지요.
우리들은 쿤둔의 안전을 위해 죽을 준비가 되어 있습니다.
동시에 죽은 우리 동지들의 영혼은 벌집을 건드린 분노한 벌들처럼 모여서 우리의 지도자 쿤둔을 호위하러 그에게 향하고 말았습니다."

쿤둔은 그때 아침 기도 중이셨다.

떠나야 할 시간이 다가옴에 쫓기어 빠르게 뛰던 심장박동소리는 비명횡사非命橫死한 영혼들의 바람소리와 합쳐져서 그의 귀 옆을 맴돌면서 스쳐갔다.

갑자기 속이 메스꺼워지면서 구역질이 나왔다. 그래도 기도를 계속하니 뜨거운 눈물이 흘렀다. 반나절 기도를 멈추지 않고 진언을 외었다.

수많은 영혼들이 그의 옆에 있으려 했지만 그의 영력과 기도 소리에 정신을 잃고 바람이 되어 흩어졌다.

"감사합니다. 저희를 위해 기도해 주서서요. 이제는 어서 떠나세요. 티베트인들의 고통을 알리고 우리의 문화가 얼마나 아름다운지 세상에 알려주세요."

영혼의 목소리에 귀 기울이던 쿤둔은 결심을 하고 일어났다.

중공군의 군복과 털모자로 위장하고 그날 밤 티베트를 떠났다.

1959년 3월 17일 오후 9시 반 노블링카Norbulinka의 시계는 그렇게 멈추었다.

영혼들은 끝까지 쿤둔 일행이 무사히 히말라야 산맥을 넘어 인도 국경지대인 켄지마나Khenzimana Pass를 지나 토왕 사원Towang Monastery에서 휴식하기까지 그의 뒤를 따르며 지켜 주었다.

텐친 가쵸는 역대 달라이 라마의 진언을 외우며 오른손으로 무드라를 그리며 수호신들에게 작별 인사를 했다.

"단 하나의 중생이 남아 있는 한 저는 이 세상에 머물면서 중생의 고통을 없애는 자로 남겠습니다."

이로써 황금빛 모자를 쓴 지혜의 지도자인 쿤둔은 빨간별 핏빛 모자를 쓴 사람들에게 나라를 빼앗겨 버렸다.

8세기에 태어나 불교를 티베트에 알린 인도인 파드마 삼바바는 이런 예언을 남기셨다.

"쇠로 된 새가 하늘을 날고,
바퀴 달린 말이 땅위를 달릴 때,
너희 티베트족은 세상에 개미 떼처럼 흩어지리라.
그렇게 불법佛法은 붉은 얼굴의 사람들에게 퍼지리라."

천이백 년 전 친 종소리는 황야를 맴돌다가 크게 퍼져 나갔다.

65 꺼얼무

향기

김선욱

예고 없이 다가오는
가슴을 열지 않아도
무단으로 가슴 열어젖뜨리며
도무지 항거할 수 없는 훈풍이 되어
내 온몸 더듬으며
무시로 찾아드는 존재

투명한 햇살 사이로
한 줄기 들바람 사이로

해 저무는 뜨락에서도
정적이 숨 쉬는 서재에서도
곱디 고운 내음으로 출렁이며
교태스러운 몸짓으로
난데없이 찾아드는 존재

기어코
나는 혼절한다
황홀한 그 향기에 취해

067 에베레스트 초입

inspiration

윤현진

    세잔은 분명 에베레스트로 향하는 이 길을 걸었음에 틀림없었다.
    세잔이 아니라면 피카소와 브라크라도 분명 걸었던 게 틀림이 없다.
    대자연은 이토록 인간에게 경외감을 주던가… 도저히 도저히 만들어낼 수 없는, 단순하고도 강렬한 터치로 인해 그만 나는, 압도당하지 않을 수가 없는 것이다.
    세잔이 그린 〈생 빅토와르 산〉을 기억하는가…! 그리고 조르즈 브라크의 〈레스타크의 집〉은…!

    그 천재들이, 정교한 사물묘사의 지루함과 단순함을 벗어나 인간 감정의 내면적 표현이 시작된 인상파를 거쳐서, 바로 이 세잔부터~. 이들에 이르러서야 현대미술의 위대한 지평이 열리기 시작한 것처럼. 이 단순하고 웅장한 아름다움에서, 사물의 단순화 그리고 기하학적 아름다움, 색채의 대담함 나아가서는 기존의 것을 해체시켜 버림까지, 바로 이곳에서 그들은 위대한 영감을 얻어가지 않았을까 생각해 본다.
    아아… 절대적인 미의 대자연이여!

7월의 상징적 의미

김병주

그리스어로 헵타드(Heptad)라 불리는 숫자 7은 모든 수들 중에서 가장 사랑받는 숫자일 것입니다. 일곱은 우주와 인간을 포함하는 대우주大宇宙를 나타내는 수數이며, 하느님과 인간이 만나는 수라고 합니다. 따라서 7은 가장 완전한 숫자로서 '전체성' 또는 '완성'과 '완전'을 의미합니다.

동양에서 7은 행운을 가져다주는 수로 인식하여 매우 좋아하고 중요시합니다. 모든 진귀한 보물을 '칠진만보七…珍萬寶'라 하고, 칠난七難을 벗어난 복을 '칠복七福'이라고 합니다. 동명왕 신화, 가락국 신화, 박혁거세 신화 등 한국 신화에서도 일곱은 모두 신성한 숫자로 여겨졌으며 영웅을 시험하는 숫자로, 국가의 기틀을 잡는 숫자로, 그리고 성자의 수로서 신성함을 상징하였습니다.

우리 민속에서도 일곱은 북두칠성에 비유하였으며 예로부터 행운이나 소망을 비는 행위는 북두칠성에 비는 형태로 나타납니다. 칠성탱화나 칠성각, 칠층탑 등은 모두 북두칠성과 관련이 됩니다. 이러한 북두칠성신앙은 목숨과 관련되어, 사찰에서 칠성각을 찾는 사람들은 대개가 자식을 구하거나 병자를 위해 칠성님께 빈다고 합니다.

불교에서도 7은 성수로 여겨졌습니다. 석가가 태어나 일곱 걸음을 걷고 '천상천하 유아독존天上天下 唯我獨尊'이라는 깨달음의 외침을 발한 데서 성스러운 수로 여겨집니다. 수도에 있어서 일곱 가지 요건을 칠각七覺이라 하고, 중생 교화를 위해 일곱 가지로 변하는 관음을 칠관음七觀音이라고 합니다.

또 일곱 가지 보물을 칠보七寶, 깨달음의 지혜를 돕는 7행법行法을 칠보리, 과거에 태어난 7부처를 칠불七佛, 세상에 다시 태어나는 수를 칠생七生이라 하는 등 중요한 법수法數에 7이라는 숫자가 사용됩니다. 석가가 성도成道 후 49년간 설법한 것을, '49년 설법'이라 하는데 이것도 7의 제곱수입니다.

한편, 고대 그리스인들은 일곱을 헥타곤hectagon이라 불렀습니다. 헥타곤은 '일곱 개의 각角'이라는 뜻으로, 7개의 면과 7개의 각을 가진 형태로 파악한 데서 연유됩니다. 서양인들은 달月이 매 7일마다 모양이 변한다고 생각해, 일곱이라는 수는 마력魔力이 깃들인 수로 보았습니다. 따라서 1주일을 7일로 정했고, 축제도 7일간인 경우가 많다고 합니다.

자연계에서도 일곱이라는 수는 중대한 역할을 하고 있습니다. 달은 초승달로 시작하여 이레가 지나면 반달, 다시 이레가 지나면 보름달, 또다시 이레가 지나면 도로 반달, 그리고 이레가 지나면 초승달로 돌아가면

068 탕구라/唐古拉 설산연봉

서 밤하늘을 밝힙니다. 또한 빛깔은 무지개의 일곱 색이 그 기본으로 되어 있는데, 그 중에서도 일곱을 대표하는 색은 보라색입니다.

성경이 집필된 시대에는 지구를 중심으로 일곱 개의 행성이 있다고 여겼습니다. 해도 달도 모두 하나의 행성이라고 생각하여 행성의 이름들이 그대로 일, 월, 화, 수, 목, 금, 토라는 요일로 남게 되었습니다.

산과 바다, 들과 호수, 그 어디를 가도 아름다웁고도 신비로운 향연이 펼쳐지고 있는 녹음의 7월! 순간 속에 영원을 사는 지혜를 청해 봅니다. 이 아름다운 계절에 부부의 사랑과 혼인의 아름다움을 되새기면서 님들의 가정에도 주님의 풍성한 사랑과 은총이 함께 하시길 기원합니다.

069 탕구라唐古拉 설산연봉

빈손으로 가는 것을
모든 사람이 알게 하라

전선애

그저 떠도는 풍문입니다만, 천문학자들의 자살률이 높다는 말을 들은 적이 있습니다. 매일 우주를 관찰하며, 그 속에서 자신이 얼마나 작고 의미 없는 존재인가를 매일같이 깨닫게 되니까요. 저는 자연을 마주하면 그런 생각이 듭니다. 머릿속에서는 참 작고 가까운 지구인데, 막상 이런 초원이나 산이 눈앞에 펼쳐지면, 그 경이로움에 눈물이 날 정도로 가슴이 벅찹니다. 이 얼마나 장엄한 모습입니까. 머리를 아프게 하는 온갖 고민들이 하찮게 느껴집니다. 이렇게 낯선 곳에서 자연을 한 번 두 번 만나고 올 때마다 마음의 짐이 하나, 두 개 덜어집니다.

알렉산더 대왕은 죽을 때 이렇게 말했다고 합니다.

"내 관의 양손 부분에 구멍을 뚫어 천하의 알렉산더도 빈손으로 가는 것을 모든 사람이 알게 하라."

우리는 너무 많은 것을 쥐려고 하는 것 같습니다. 손은 딱 두 개뿐인데, 다섯 개, 여섯 개를 붙잡으려고 하니까 항상 지치고, 바쁘고, 여유 없이 살아가는 것 같습니다. 인생에서 꼭 놓지 말아야 할 두 가지. 그것만 갖고, 나머지는 놔주었으면 합니다. 우리에게 정말 소중한 것. 그것이 무엇인지 되돌아봤으면 좋겠습니다. 그리고 내게 있는 그 소중한 것에 항상 감사하는 삶을 살아갔으면 좋겠습니다.

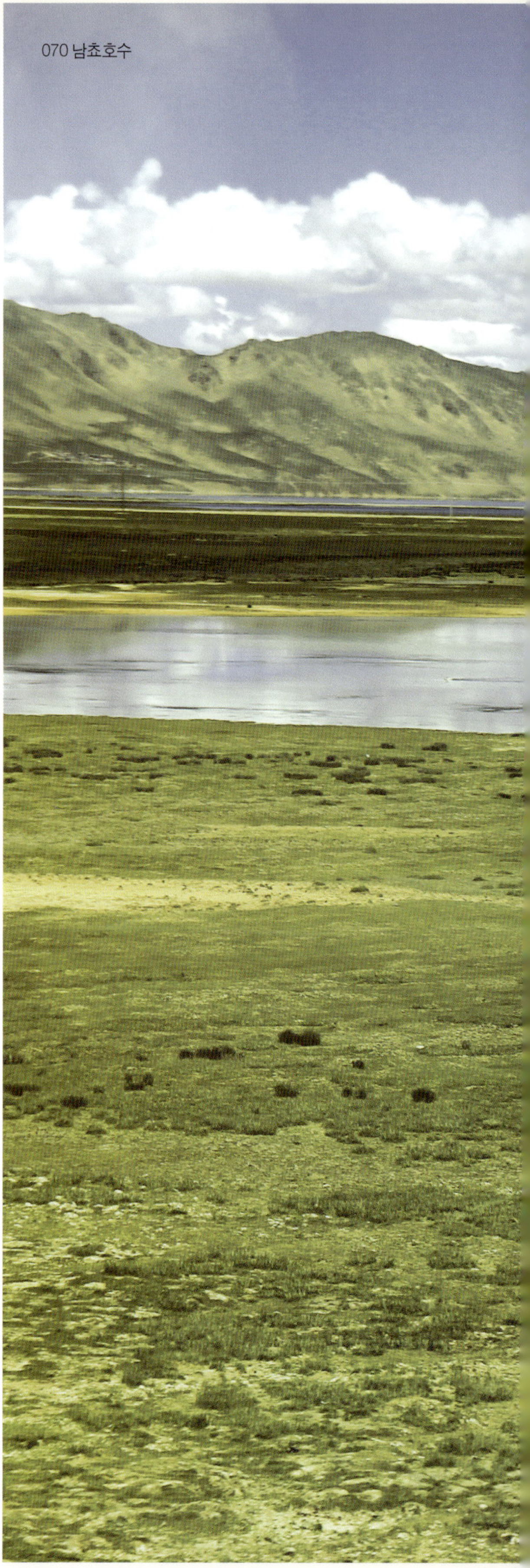
070 남초호수

이제 더 이상

한정화

그들은 내게 말했다.
더 이상 할 수 있는 일이 남아 있지 않다고.
하지만 나는 말한다.
그래도 떠나서는 안 된다고.
끝까지 남아서 지켜야 한다고.

'이제. 더 이상.'이라고 말하지 말아라.
이미 여기까지 왔으면
끝까지 지켜야 한다.

믿음 없는 자들은 모두 떠나거라.

이 땅은 우리의 것.
우리가 지키지 못한다면 남의 것이 되고 말 것이다.
떠난 자 모두 돌아오는 날까지 나는 이곳을 지킬 것이다.

어리석은 자들, 잃고 나서야 소중함을 알게 되는구나.

071 황허黃河와 창쟝長江(양쯔강)의 발원지, 타타하

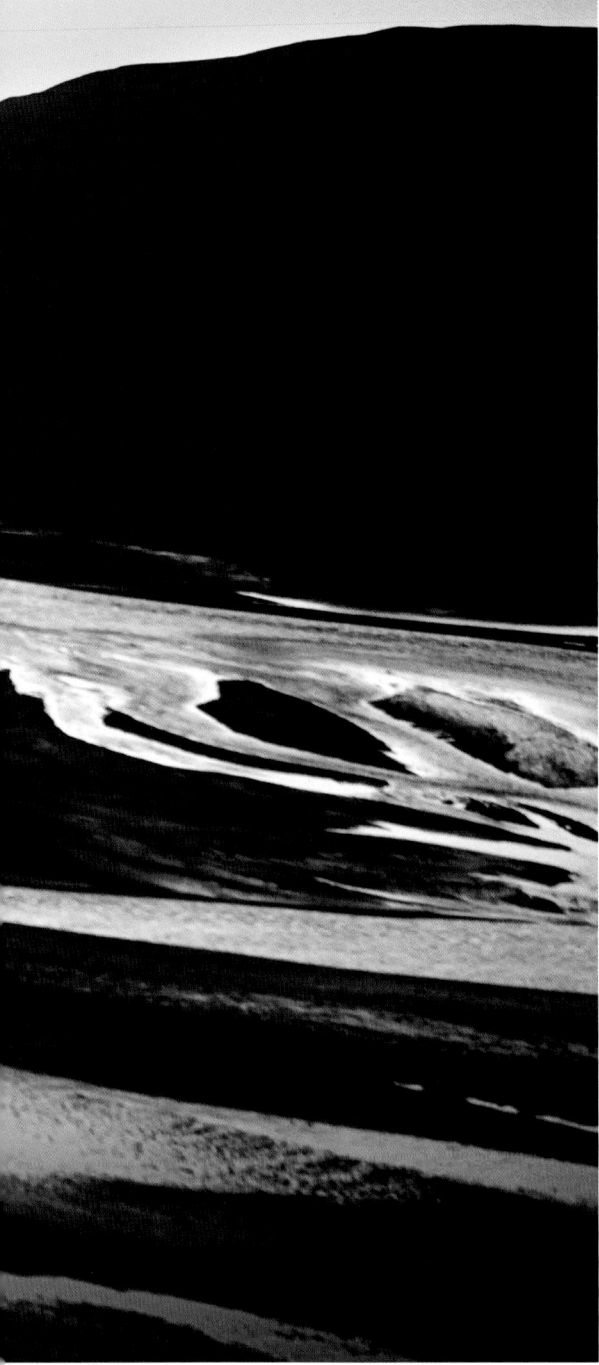

히말라야 빙하천

정봉용

어디서부터였을까?
문득 그 첫 발자취가 궁금해집니다.
억겁의 세월은 유구함을 빚어 고스란히 아로새기고
인연은 꼭 그 시간만큼을 인내하며 흔적을 좇습니다.
아득한 현기증에 하얀 공기를 서둘러 호흡하노라니
대지를 머금으며 빙하를 박차고 솟구치는 순결함이
그 옛날 지순한 기억 한움큼 굽이굽이 흩뿌립니다.
닿을 수 있는 곳까지 시선을 보내고 날숨을 앉히면
사각거리는 하늘빛이 영롱한 얼음을 희롱합니다.
흐르는 것은 그들의 땀방울이며 살아 숨 쉼입니다.
찰나의 멈춤도 없이 하늘에서 대지로 또 빙하로,
다시 인연을 가득 채워 시간 여행을 이어가는 곳.
아, 여기는 히말라야 어느 이름 없는 빙하천.
어머니의 젖가슴을 채우는 생명수의 시작이어라.

072 가쵸라 고개(해발 5,210m)

내 마음속 이니스프리

김남식

눈을 감아야 가리
내 마음속 이니스프리.
새벽 안개 짙게 깔려
오두막집 조금씩 이마를 들어내고,
구멍 뚫린 나뭇잎 그림자 속에
딱정벌레 혼자 바스락거리는

그곳은 땅에서 나뭇잎을 쓸어내어도
해님과 달님이 아니면
다각형과 원이 존재하지 않는 곳
그곳은 거북이를 잡아 두어도
발버둥 치면서 멀리 달아나는 곳
그곳은 푹신한 짚더미 속에서
눈이 큰 겁 많은 소가 헐떡이지 않는 곳

눈을 감아야 가리
내 마음속 이니스프리.
짚동가리에 숨는 박새들의 헤집는 소리
낮에 호미질한 텃밭 건너
개울물 소리 하늘에 강을 만들어
누워서도 은하수를 볼 수 있는 곳
눈을 감아야만 가리
내 마음속 이니스프리.

073 꽝라 고개(해발 5,150m)

신의 땅

박정호

생각이 뭉게구름처럼 피어나는 곳,
그곳은 신의 땅이다.
살아 있는 것들은 아주 작고
삶의 굴레를 벗어난 것들만 위대하다.
살아있다는 것이 얼마만큼 작은지
아는 사람들만이 거룩하고
위대한 산과 산 사이
또는 하늘과 땅 사이

074 팡라 고개(해발 5,150m)

길 잃은 광야의 나그네

김명훈

목자를 떠난 양떼는
마음껏 뛰며
자유로워 좋았습니다.
땅이 펼쳐지는 대로 걷고
또 달리다 보니
사방을 둘러보아도
거친 돌부리만 가득한
황야입니다.
풀을 찾아 돌 틈을 파헤치는 입가에는

상처가 커져갑니다.
무리 지어 헤매지만
메마르고 거친 들판에는
풀 한 포기 없습니다.
지친 어린 양들은
목자를 떠난 것을 후회합니다.
처음의 즐거움은 잠시뿐
목자가 생명임을 알게 되었습니다.

묘비명 墓碑銘

황인수

계절은 남동풍
바람이 좋아
손에 흔든 마니차
코라를 돌면
바람결에 실려 오는
쥬라기의 고동소리
이제는 알리라
너의 고향을
한때는 짐승처럼
울부짖던 슬픔도
설산의 눈보라에
휘날리던 네 위엄도
이제는 알리라
너의 고향을

이제는 잊으라
유성의 별이 지면
너의 뺨에 부벼 우는
그리운 흙 위에서
이제는 잊으시라
작별하는 마음들도
달빛에 풍화하던
한 때의 산기슭에
양서류가 남기고 간
구슬픈 궤적들도
이제는 잊으시라
너의 고향도
이제는 없으리니
너의 기억도

075 낭파라 고개(해발 5,766m)

076 카뤄라 빙하 卡惹拉冰川(해발 5,045m)

카뤄라 빙하 卡惹拉冰川 의 환생

박정운

　구름이 밀려와 설산을 둘러싸자 만년의 빙하가 꿈틀거렸다. 카뤄라 빙하가 제 살 한 점을 세상으로 내어 보내려는 순간이다. 장엄한 긴장감이 돌았다. 뒤틀리는 고통을 참으며 카뤄라 빙하는 한바탕 거대한 소리로 천상天上을 울린다.

　마침내, 떨어져 나온 빙하 한 조각이 자궁을 빠져나오듯 움직이더니 낭추 계곡에서 이르러 눈물을 뚝뚝 떨군다. 애처로운 듯 한 마리의 까마귀가 계곡 주위를 수차례 돌며 날아다니자, 그 아래 호수 하나가 넓은 품으로 그 눈물을 끌어안는다.

　그런 줄도 모르고 무리지어 가던 양들이 그 눈물을 마시며 잉태를 하고, 논밭의 곡식들은 살을 찌웠다. 철없는 아이들이 그 눈물을 마시며 자라고, 설산을 바라보며 살아온 늙은이들은 자신을 태워 그 눈물에 뿌렸다.

　만 년의 세월 동안 카뤄라 빙하는 그렇게 대지의 눈물이 되어 모든 것의 생명으로 다시 태어났다.

077 카뤄라 빙하 卡惹拉冰川(해발 5,045m)

성유聖乳 그릇

유경재

신들의 잔에 성유가 흐른다.
천 년을 흐르는 젖은
자기를 부르는 신성한 생명들을 위함 아닌가.
저 그릇에 담긴 야크들은 태어난 생명들을 달콤한
건포도 미각으로 돋우며 이 땅의 지기들로 키운다.
저 크고 웅대한 그릇의 장엄함을 보라.
저 그릇에 담긴 성유를 음미하여 보라.
신들의 젖을 맛보라.
풍요로움을 더하는 신들의 선물에는
버터와 치즈로 답하는 미소가 피어나리라.

078 카뤄라 빙하 卡惹拉冰川(해발 5,045m)

친구의 넋두리

이원석

함께 모시고 살았던 친구는
자신이 짐이었음을
돌아가신 후에야 알았다.

먼저 홀로 되신 어머니

자유롭지 않았어도
가능했던 외출이
모두 그 덕이었음을.

시름시름 앓으셨던 어머니

철없는 손주 남매를
알뜰히 보살펴
홀로 된 친구에게
나눠주셨던 잠시의 여유도.

한때 짐인 줄 알았던 어머니

그 어머니의 귀천歸天은
자유의 사망이라며
밤 깊은 줄 모르고
이어지는 뼈아픈 넋두리

어머니의 영생을 믿었던 친구

079 암드록쵸 호수 羊卓雍錯湖

히말라야의 눈물

김한겸

말라야는 산스크리트어로 '눈이 사는 곳'이다. 히말라야가 눈물을 흘리자 그 눈물은 내와 강을 이루었다. 억겁의 세월을 보내면서 쏟아내는 눈물은 구비구비 흘러가면서 생명의 싹을 키우는 어머니가 되었다. 비록 눈물의 뿌리는 눈과 얼음으로 뒤덮여 아무 것도 살 수 없지만, 자신을 죽이고 녹아 흐르면서 대지에는 삶의 원동력을 제공한다. 이 눈물에 의지하여 문명의 꽃이 피어나기 시작했고, 오늘날에도 수억 명 인간들에게 생을 유지하는 생명수 역할을 하고 있다. 눈물과 함께 흘러내려온 토사가 쌓여 자연댐을 이루어 눈물은 마침내 코발트색 비단길을 이루었다. 이 비단폭에 구름이 자유로운 그림을 그린다.

080 탕구라唐古拉 설산연봉

나 홀로(천상천하유아독존 天上天下唯我獨尊)

정광영

천지간에 나 홀로
허공 간에 나 홀로
홀로 홀로 나 홀로
사방팔방 나 홀로

중생 간에 나 홀로
세속 간에 나 홀로
홀로 홀로 나 홀로
산간 수간 나 홀로

169

강줄기를 따라

서진희

가끔 가평이나 춘천을 갈 때나 돌아오는 길이면 굽이쳐 흐르는 북한강 줄기를 따라 일부러 그 일차선 꼬불꼬불 길을 찾을 때가 있다. 춘천 가는 길이 지금은 고속도로도 생겼고, 외곽으로 돌아가는 자동차전용도로로 생겼다. 그러나 예전 경춘선 대로변은 늘 차들이 빽빽이 길게 꼬리를 물고 있을 때면 더욱 돌아오는 그 길을 찾았다. 아니, 최근엔 차들이 막히지 않아도 일부러 그 강줄기를 따라 호젓한 시간을 갖곤 한다.

강줄기가 산으로 접어들면서 멀리 사라졌다가 이내 고개를 넘으면 다시 만나는 그 구불구불한 강줄기와 만나는 길엔 긴 그림자를 끌고 해가 서쪽으로 넘어가는 모습도 으레 도시와 달랐다.

드문드문 인가가 보이고 산기슭 외딴 집에서 저녁 무렵 피워 올리는 하얀 연기가 산골짜기를 따라 흐르다 강줄기와 만나 나지막히 물안개로 섞여들기도 한다.

어느 날, 대학 4학년 마지막 학기로 접어든 딸아이와 함께 기숙사 생활하는 친구를 태우고 춘천의 학교로 아이들 짐을 싣고 갈 때였다. 일요일 한낮 남양주에서 청평까지 이어진 긴 차들의 행렬은 북한강으로 갈라지는 그 길에 옥수수를 파는 여인네들이 얼굴에 그늘이 가득 들 수 있도록 넓은 창을 한 모자를 쓰고 차들 사이로 걸어 다녀도 전혀 위험하지 않을 정도로 차들은 꽉 막혔다.

"우리 북한강 쪽으로 돌아가자, 그 길이 얼마나 멋진지 너희들 모르지?" 하면서 접어든 그 꼬불꼬불 강줄기를 따라 갈 때였다. 뒷좌석의 아이들이 대화를 하고 있었다.

"말해 봐~ 네 남자친구가 지금 하는 행동에 대해서 넌 지금 불안한 거잖아? 정말 널 사랑하고 있는지 아닌지? 확신이 생기지 않아서 지금 고민인 거잖아!"

"그래, 사실이야. 난 지금 그 사람을 사랑하는데 그 사람은 날 사랑하는지 확신이 없어. 영화를 함께 보더라도 손도 한 번 잡아본 적이 없어."

사귄 지 몇 개월 된 남자친구의 행동에 대해 두 아이가 하는 말들이었다.

"아까 그 넓은 대로가 만약 차들이 없어 뻥 뚫려 있었다면 쌩하니 달려서 조금 일찍 도착은 했을 거야. 하지만, 앞만 보고 달리는 그 길에서 우리들이 자세히 볼 수 있는 것들은 없었을 거야. 지금 이 길처럼 꼬불꼬불한 길을 가니 천천히 가야 하고, 천천히 가다보니 이렇게 아름다운 강줄기를 따라 옆에 나무가 어떤 수종인지, 물의 깊이가 얼마나 될지, 물의 맑음의 정도도 알 수 있는 것처럼 자세히 사람을 아는 시간이 필요해. 남녀 관계에서 좋을 때는 누구나 잘해 주지만, 정말 화가 났을 때 반응하는 모습도 살펴볼 수 있게 결코 서두르지 않았으면 좋겠다. 뒤돌아서 보면 누구나 후회하는 삶을 살게 되지. 하지만 후회하더라도 이 시간들이 앞

31 탕구라唐古拉 설산연봉

만 보지 않고 옆을 살피면서 가는 시간들이면 조금은 후회의 상처가 덜할 수도 있겠지. 하지만 말이야. 기왕 모든 인간들에게 정해진 실패수가 정해져 있다고 가정한다면 나는 그 시간들을 좀 일찍 겪는 것이 좋다고 생각해. 삶을 사는 지혜는 결코 거저 생기지 않더구나. 후회가 가져오는 지렛대를 발판삼아 성큼 좀 더 넓은 세상을 볼 수 있잖겠니." 했더니, 뒷좌석에서 들려오는 말은

"내 사랑은 지금 충분히 할 생각이야. 지금 이 시간들에게, 그리고 나 자신에게 덜 후회하게 할 거야. 그리고 혹시라도 헤어진다면 그건 내 사랑을 담을 그릇이 부족하다고 생각할 거야."

이렇게 말했던 아이는 3개월 만에 예전 만났던 여자친구에게로 다시 돌아간 남자친구와 헤어지고 나서는 〈그는 그녀에게 반하지 않았다〉란 영화를 보면서 남자들의 행동으로 여자들이 하는 착각에 대해 공감을 깊이 하는 눈치였다.

지상의 눈물방울을 안은 강줄기는 유유히 돌고 돌아 가장 낮은 곳 바다로 기어이 흘러간다.

바다는 저마다의 가슴 아픈 사연들이 섞여 때로는 아프게, 때로는 거세게 용트림하며 다시 지상으로 돌아온다.

후회가 가져온 더욱 넓은 창을 가진 사람들의 가슴 속 깊이깊이….

시샤팡마 가는 길

황인수

가자 꿈길 따라 바람을 타고
밤이면 은하수길 별이 지던 그 길 따라
내 고향은 시샤팡마 태양의 길목
하늘 아래 처음 동네 바람의 고향

낮이면 뭉게구름 꽃구름 피어나고
풀을 뜯는 양떼들이 대지에 충실한 곳
산허리를 휘돌아 바람이 일면
구름은 산그림자 호수 위에 지는 곳

아, 네 수레의 바퀴처럼
돌아오는 바람이여
먼 산을 다시 돌아 구름이 덮어 오면
물을 찾는 양떼들이 제 그림자에 놀라는 곳

가자 어서 가자 바람을 타고
밤이면 은하수길 별이 지던 그 길 따라
들소의 긴 울음이 유성流星의 메아리로
다시 살아오는 그곳
내 고향 시샤팡마 꿈길 따라 내가 간다.

083 낭파라 고개(해발 5,766m)

차마고도

김한겸

   물은 낮은 곳으로 흐르고 길은 돌아돌아 외부와 연결된다.

   산이 있으면 계곡이 있고, 계곡을 따라 흐르는 물이 있으면 평지가 있고, 평지 주위에 인간들의 거주지가 발달한다. 비록 하늘 아래 지붕이고 구름조차 쉽게 지날 수 있는 곳이 아니지만 역경을 헤치면서 티베트 사람들은 영역을 넓혀 왔다. 계곡은 더 이상 물살에 의해 패어나가기만 하는 'No man's land'가 아니라 쌀보리가 자라 올라오는 생명의 보금자리이다. 한 뼘 두 뼘 돌을 골라내면서 만들어진 초록점들은 자연스레 뭉쳐서 초록땅이 되었고, 짜맞추기 퍼즐처럼 조형미를 뽐내고 있다. 간혹 수마가 할퀴고 가기는 하지만 영산으로부터 영양분이 풍부한 토사가 흘러내려 농작물에게 천연 자양분을 선사한다. 산을 돌아돌아 선으로 이어진 길은 외부와 소통하는 생명선이다. 이 길이 옛날 옛적에 차를 나르던 그 '차마고도'가 아니겠는가?

084 에베레스트 가는 길에서 만난 티베리안

거미의 사랑

김남식

오래 오래 전, 거미 한 마리가 살았다.

티 없이 맑고 밝은 하늘이라도 괜찮을 것 같았다.

거미는 땅 냄새도 맡아보고 풀대롱이 대롱대롱 매달려 보기도 하고 때로는 바람을 타고 여기 저기 기웃거리기도 하면서 하늘 한 모서리에 예쁜 집을 지었다.

"나는 너를 놓아주지 안을 거야."

이렇게 생각하면서 거미는 이것만이 유일하게 자신이 사는 법이라고 생각했다.

이 세상 모든 것을 다 얻을 수 있을 것만 같았다.

거미는 달콤한 사랑을 꿈꾸어 보기도 했다.

때때로 거미는 자신의 집에 멋모르고 찾아온 손님까지도 자신의 손으로 꽁꽁 묶어둘 수 있다는 것도 알게 되었다.

그런데 어느 날 그 거미는 그 모든 것들을 차지하는데는 자신이 꼭꼭 숨어 있어야 한다는 것을 깨닫게 되었다. 자신의 흉측한 몰골을 내밀어서는 절대로 안 된다는 것을 처음으로 알아차린 거였다.

거미는 밤과 낮으로 걱정을 하며 고민에 고민을 거듭한 끝에 결론을 내렸다. "그래, 나도 세상에 자유롭게 얼굴을 내밀어보는 거야. 나도 할 수 있는 거야."라고.

그런데 세상은 그 거미에게 자유를 허락하지 않았다.

굴뚝새 한 마리가 모처럼 그 거미를 발견하고만 거였다.

그 후론 아무도 그 거미를 본 적이 없었다.

오래 오래전, 그 거미가 머물던 곳에는 그때 그 거미는 볼 수가 없고, 매일 새벽마다 맑은 이슬만이 고여 있었다.

아무리 사랑이 깊어도 우리는 죽음에 이르는 거미의 병을 알지 못한다.

내가 그대를 사랑한 만큼만 우리는 세상을 사는 것이다.

085 에베레스트 가는 길 마지막 마을

하늘과 닿아 사는 사람들

김명훈

영겁의 세월을 흰 눈에 덮여
두려움에 오를 수 없었던 저 산
그 신비함에 이끌려
한발 한발 들어가 본다.
세찬 바람 뚫고
새 길을 여는 발걸음에
자신을 찾아 기뻐도 하고
설산 높이 꽂은 깃발에 환호도 한다.
그렇게 오가는 길목에
인파가 늘고 발자국은 넓어 간다.
차가운 산허리를 돌아 오름에
등짐을 나눈 당나귀는
이제 문명의 그늘 아래
맥없이 초라하다.

온 세상을 점령한 대류의 식탁
얼음산 턱밑까지 치받고 올라
오가며 만난 나그네의 위안이 되고
훈훈한 향수를 끌어내 나누어 준다.
찬바람의 스치움을 즐기는 아이
새로운 만남의 설레임과
헤어지는 아쉬움을 가슴에 삭이며
사랑을 알아 간다.
가장 높은 끝에 차려진
하늘이 닿은 마을에
발길이 붐비니
깊었던 신비로움은
어느 샌가
하늘 위로 스러져 간다.

086 팡라 고개(해발 5,150m)

세계의 지붕 히말라야의 운해

조성범

히말라야Himalaya는 히마hima와 알라야alaya의 복합어로 눈과 거처의 뜻이 합쳐서 나온 말이며 세계의 지붕이고 산스크리트어로 눈이 사는 곳이란 의미를 지니고 있다.

히말라야 산맥은 세계 최고봉인 에베레스트Everest(8,848m)산을 비롯하여 케이투K2(8,611m), 캉첸중가Kangchenjunga, 로체Lhotse, 마칼루Makalu, 초오유Cho Oyu, 다울라기리Dhaulagiri, 마나슬루Manaslu, 낭가파르밧Nanga Parbat, 안나푸르나Annapurna, 가셔브룸1봉GasherbrumⅠ, 브로드피크Broad Peak, 가셔브룸2봉GasherbrumⅡ, 시샤팡마shisha Pangma 등 8,000m가 넘는 봉우리eight-thousanders 히말라야 14좌가 키 높이를 하고 있습니다.

히말라야 산맥은 총 길이 2,400km로 인더스 강, 갠지스 강, 브라마푸트라 강, 창 강 등의 발원지이며 젊으면서도 높은 산맥입니다. 세계 최고봉인 에베레스트(위도 27/59N, 86/56E)는 최초 발견자인 영국의 조지 에베레스트의 이름을 따서 붙였습니다.

히말라야 산맥과 이어진 카라코람 산맥과 힌두쿠시 산맥 및 파미르 고원의 여러 산맥을 포함해서 말하기도 합니다.

14좌를 처음으로 등정한 사람은 이탈리아의 산악인 라인홀트 메스너이고 한국인으로는 박영석 산악인이 14좌를 처음으로 완등하였고, 엄홍길 대장이 얄룽캉(8,505m)과 로체샤르(8,400m)를 더한 16좌를 세계 최초로 등정하였습니다.

히말라야 산맥은 아삼히말라야, 부탄히말라야, 시킴히말라야, 네팔히말라야, 가르왈히말라야, 펀자브히말라야, 검은 자갈을 뜻하며 K2봉 있는 카라코람 등 몇 개의 그룹으로 나누어 불리기도 한다.

히말라야 산맥은 해발고도 8,000m에서는 연평균 영하 20℃ 내외이며 100m 오를 때마다 0.5℃씩 기온이 내려갑니다.

구름의 땅 히말라야
신령이 사는 곳 하늘과 맞닿은 원시의 호수에 뭉게구름이 뭉게뭉게 수북하게 피어오릅니다.
금세라도 한줌 떨어질세라
서로 엉키고 붙잡고 바동바동 신의 소리에 의탁해
점점이 떠있지 못하고 둥그렇게 뭉치고 있습니다.

푸른빛 옥빛을 찰랑찰랑 튕기며 구름바다 떨어질세라
푸른 크레파스 눈을 껌벅껌벅 거리며 두리번두리번
이리 보고 저리 보며, 온통 뭉게구름에
온 신경을 곤두세우며 사방을 바라보고 있습니다.

구름 넘어 하얀 소복을 걸친 눈이 사는 곳이 보일랑 말랑 언뜻언뜻 잠깐 보여주고 있습니다.
세상의 지붕을 앉아있는 흰 구름아 너는 뭐하고 있는 거니.
고산병에 시달렸는지 물 한 모금 먹으랴
에베레스트의 천년설을 담아 푸른빛 물 솥에
가득가득 담아내고 들이키고 있습니다.

금세라도 바람에 날아갈라 빙하수에 발 담그고
새털구름에 날아갈라 계속 목을 축이며
무게를 늘리려 협곡에서 흐르는 천년빙하에
운해를 적시고 있습니다.

*8000미터 봉우리
영어로 eight-thousanders. 지구상에서 해발 8,000미터가 넘는 히말라야 산맥과 카라코람 산맥의 14개 봉우리를 말하는 것으로, 14좌라고 말하기도 한다. 14좌 외에 8,000미터가 넘으면서도 주봉과 산줄기가 같다고 해서 제외된 얄룽캉(8,505m)과 로체샤르(8,400m)를 더해 16좌라고 부르기도 한다.

087 에베레스트 가는 길에서 만난 농부

모모

손동욱

  신은 촌락을 만들었으며, 인간은 촌락 위에 도시를 덧붙여 만들었다. 그래놓고 마소의 새끼는 시골 촌락으로, 사람의 새끼는 도시로 보내자 했다. 그렇게 도시로 도시로 모여든 사람의 새끼들은 어느덧 도시인이 되었고, 성체로 자라난 도시인은 지상으로 뿌리를 뻗는 나무로서 잎을 펴고 꽃을 피우고 열매를 주렁주렁 맺고 있으나 그들의 잎과 꽃과 열매는 언제나 모성적 땅속에 코를 박고 향수를 그리워하며 살아가고 있다. 봐라!~ 거북이 같은 촌락의 생활이 얼마나 여유로워 보이는가? 여기서는 신의 작품을 원 없이 볼 수 있으니 말이다. 얼굴만 가질 수 있는 인간들의 작품인 도시와, 영혼까지 가질 수 있는 신의 작품 촌락, 이 두 작품을 비교할 수 없는 것이다. 높은 산들은 사람에게 감격을 주나, 인간 도시의 소음과 공해와 매연은 고민일 따름이다.

  '우리에게 시간이란 무엇인가?'를 주제로 한 미하엘 엔데의 『모모: 시간도둑과 사람들에게 빼앗긴 시간을 돌려준 한 아이의 이상한 이야기 (MOMO: oder Die seltsame Geschichte von den Zeit-Dieben und von dem Kind, das den Menschen die gestohlene Zeit zurückbrachte)』에서 인간들에겐 서로 다른 두 가지 시간이 있다는… 이상한 아이 '모모'를 통해 시간의 의미를 되새김해 본다. 지금의 나는 시계로 재는 '물리적인 시간'만 쫓는 회색신사가 된 것 같아 수시로 당황하며 살아가고 있다. 모모에서 이야기하는 시간은 미래에서 다가와 쏜살같이 과거로 흘러가 버리기 때문에 시간 역시 돈처럼 가능한 한 저축하고 절약해야 한다는 것이다.

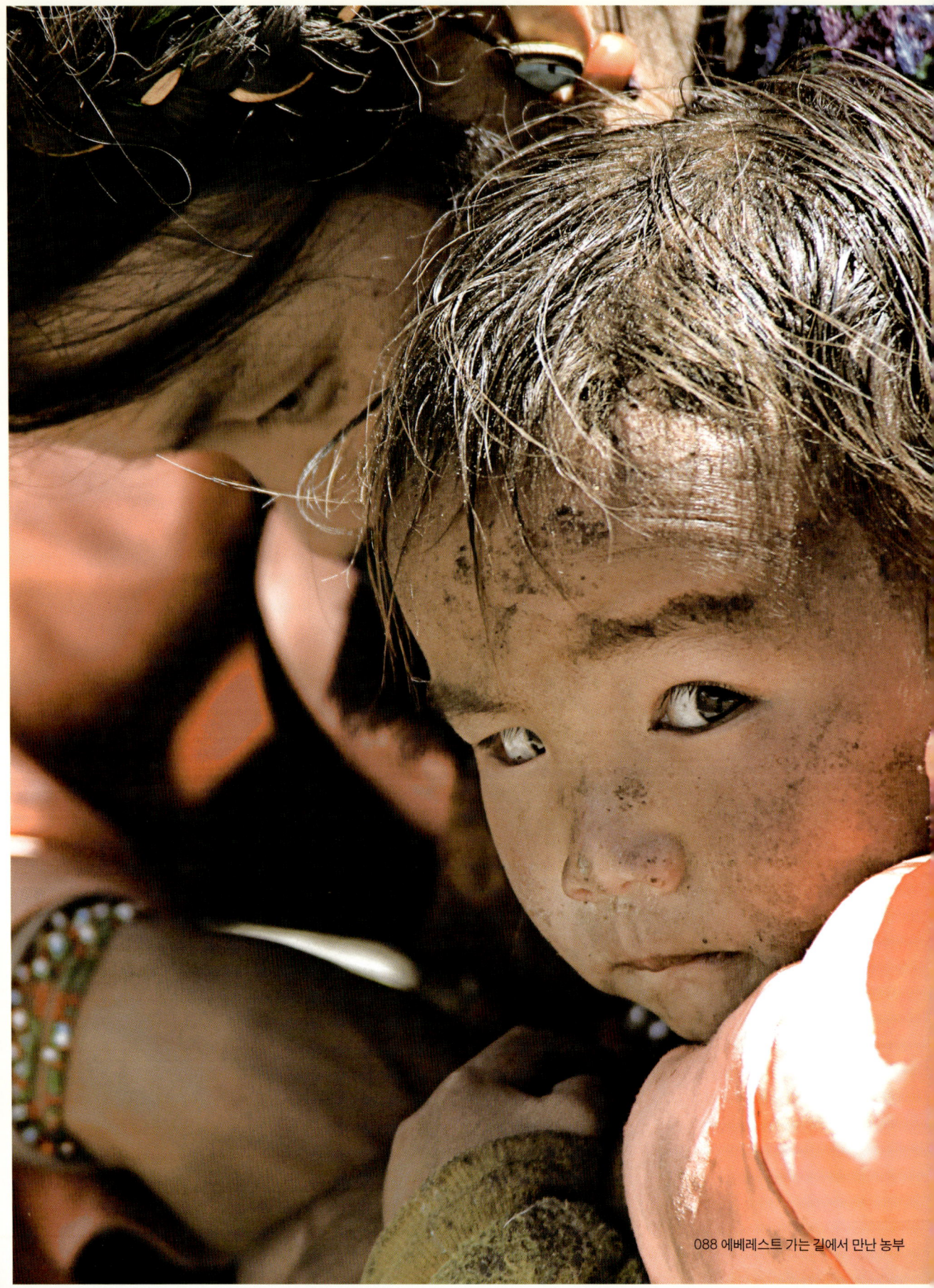

088 에베레스트 가는 길에서 만난 농부

화룡점정 같은 아이 눈빛

박병조

고유의 민속의상과 액세서리로 치장한 젊은 엄마는 이방인의 카메라 앵글 앞에 수줍은 듯 성숙한 여인의 성정을 숨긴다. 그러면서도 아이를 품안에 끌어안은 모성애가 정겹고 포근한 시선을 만들어 준다. 태어나서 지금까지 목욕은 물론이고 세수조차 해본 적이 없을 것 같은 아이의 얼굴에는 묵은 때가 덕지덕지 두텁게 눌려져 있다. 수세미같이 헝클어진 머릿결과 묵은 때가 콧물과 침에 녹아 찌들은 까만 소매는 보살핌의 흔적이라고는 찾아볼 수가 없어서 가엽고 안타까운 생각이 저절로 든다.

이곳의 기후와 생태적 환경 때문에 세숫물의 사용도 제한되어야 할 만큼 물이 부족하기 때문일까, 혹은 아이가 튼튼하고 씩씩하게 자라나기를 염원하는 빈산의 전래적 풍습일까. 우리에게도 터부의 영향 탓인지 일부러 씻기지도 좋은 옷을 입히지도 않았던 시절이 있었다. 정작 그 이유가 가난이란 핑계와 변명에서 비롯된 것일 수도 있다. 또 엄마의 바쁜 일손을 필요로 하는 여러 가지 생계적인 이유도 있을 법한 생각이다.

엄마란 사랑의 본질이었다. 내가 어른이 되어 모든 것에 사랑이란 낱말과 의미로 갈무리할 수 있었던 까닭에는 절절한 엄마의 사랑이 있었기에 가능한 일이었다. 나는 어머니라고 불러본 적이 없다. 어머니라고 의젓하게 불러 볼 만큼 엄마의 건강은 기다려주지 않았다. 내가 철들기 이전에 오랫동안 병상에 있어야 했고 퇴원이란 죽음과 연결되어진 삶의 포기였다. 엄마의 사랑은 까맣게 변해 버린 바나나의 껍질과 파란 곰팡이가 핀 카스텔라 빵과 돌처럼 딱딱하게 굳어 버린 노란 인절미에 고스란히 남아 있었다. 엄마가 나에게 먹이고 싶어 했던 음식들이었다. 이부자리에 누운 채 손만 뻗으면 닿을 만한 장롱 밑은 숨겨 놓기에 안성맞춤이었고 그 기억을 불러내는 데 사흘이란 시간이 필요했던 아픔이었다.

아이의 눈초리가 예사롭지 않다. 모성애란 보호 권능의 손길 안에 있기에 아이는 비로소 본능적 호기심과 두려움이 섞여 있는 눈빛을 가질 수 있다. 그러기에 아이의 눈빛은 바로 엄마의 질문이기도 하다. 이 작품의 백미는 바로 화룡점정 같은 아이 눈빛이다. 이 눈빛으로 말미암아 삶에 대한 근원적 물음같이 난해하고 심오한 영역으로까지 들불처럼 번져 가며 확대 해석되어진다.

089 에메랄드 암드록쵸 호수

에머랄드 암드록쵸길

손영철

에메랄드 암드록쵸 호수를 휘감은
구비 길에 서서 한참을 망설였습니다.
오랫동안 서서 한 길이 굽어 꺾여 내려간 데까지,
바라다볼 수 있는 데까지 멀리 바라다보았습니다.

훗날에 훗날에 나는 어디선가
한숨을 쉬며 이야기할 것입니다.

에머랄드 암드록쵸에 외길이 있었다고,
나는 그 외로운 길을 택하여 걸었다고,
그리고 그것 때문에 모든 것이 달라졌다고.

겁먹지 말고 자유로워지자,
어떻게 얼마나 잃을지 알 수 없지만,
지금 이 순간 최선의 선택이었다고.

[시작노트]
수도자들이 이와 같이 침묵하는 것은 침묵 그 자체에 의미가 있어서가 아니다. 침묵이라는 여과 과정을 거쳐 오로지 '참말'만을 하기 위해서다. 침묵의 조명을 통해서 당당한 말을 하기 위해서다. 벙어리와 묵언자가 다른 점이 여기에 있다. 그런데 마땅히 입 벌려 말을 해야 할 경우에도 침묵만 고수하려는 사람들이 있다. 그것은 미덕이 아니라 비겁한 회피인 것이다.

90 에베레스트 가는 길에서 만난 여인

장졸우교 藏拙于巧 유감

양선규

'장졸우교'는 어느 무협영화에 나오는 말인데(채근담에는 장교어졸이라고 나옵니다), 자신의 부족함이나 단점을 기교로 감춘다는 뜻입니다. 상대에게 보여서는 안 될 자신의 허점을 현란한 기교로 감춘다는 거지요. 인생살이가 다 그런 것 같습니다. 누구나 부족한 점을 가지고 삽니다. 다만 기교로 그것을 감출 수 있느냐 없느냐의 문제로 득실의 문제가 발생하는 경우가 많은 것 같습니다. 기교가 서투르면 작품 활동이든 인생살이든 아무래도 실책이나 실수가 연발되지요. 저도 그렇습니다. 아차, 아차, 후회될 때가 많습니다. 그래서 위안을 찾습니다. 그때마다 추사秋史의 '유재留齋'의 한 구절을 떠올립니다. "기교를 다 하지 않고 남김을 두어 자연으로 돌아가게 한다"는 말입니다. 작품에 너무 기교를 넣다 보면 아무래도 깊이가 덜하지요. 고졸古拙도 없고요. 그것도 모두 인간의 일일 뿐입니다. 대지는 기교를 모르는군요.

187

091 에베레스트 가는 길 마지막 마을

창가의 눈물

이명흠

그대의 눈물

마음이 우울해지면
녹차를 마시며
우울을 털어낸다.

단맛도 없이 쓴맛일 뿐이지만
그 언제인가부터 입맛에 길들여져
내 반려가 되었던 너

눈짓으로 지켜만 보며
내밀한 이야기를 던지며

늘 거친 내 발목을 붙들던
그대의 화신되어
눈물로 돌아왔구나.

내 피가 되고 내 살이 되는
너를 마시며
꿈꾸는 법을 배운다.
날마다 그 눈물로
밤새 쌓인 우울도 털어내고
찌든 가슴을 데우고
비리고 버리며
견디는 법을 배운다.

092 에베레스트(초모랑마, 해발 8,848m)

초모랑마의 말씀

유한나

너희가 먹고 살아갈 땅은
이미 느넓게 펼쳐 놓았다.
곡식과 과일 나무와
너희 눈을 즐겁게 해주는
꽃들이 살 땅까지도
널찍이 베풀어 주었다.
이곳은 죽음의 눈보라가
휘몰아치는
성스러운 여신의 성전
인간을 위한 자비가
기다리고 있지 않다.
세상에서 잃어버린

길을 내게로 와서
찾지 마라.
나는 날마다 너희가 걸어 온
버릇없는 발자국을 지워 버린다.
하늘 아래 땅들과
모든 산들을 굽어보며
홀로 높이 솟은
나는 대지의 여신 초모랑마
내 머리가 침범 당할 때마다
분노하여 눈보라치노니
두려워 삼가라.

093 에베레스트(초모랑마, 해발 8,848m)

에베레스트의 매

변성래

우리가 어른들에게 배운 것은
높이 날고, 멀리 보는 것이다.

우리는 다른 매들에 비해서
더 높이 더 멀리 봐야 한다.

산이 높고, 척박한 땅이 이어지기 때문이다.

목표물이 보이면 수직으로 강하한다.
그러나 완급을 잘 조절해야 한다.

접근해서는 수평이동이다. 그리곤 챈다.
목표물에서 시선을 절대로 떼지 않는다.

사람들이 우리에게 배울 점이 분명히 있을 것이다.
높이 날고, 멀리 보고,
목표물에서 눈을 떼지 않는 것.
그리고 더욱 중요한 것은 너무 서두르지도 말고
너무 태만하지 않는 것이다.

우리는 이 행위 하나하나에 생명을 건다.

초모랑마에 전하는 말

주민아

동경 87도, 북위 28도, 해발 8,848미터.
지구에서 가장 높은 곳에 당신은 서 있습니다.

네팔은 당신을 '사가르마타'로 불렀습니다.
'하늘의 이마'라는 뜻이지요.
영국은 당신은 '에베레스트'로 불렀습니다.
당신의 고도를 측정하던 사람의 이름을 땄지요.
티베트는 당신을 '초모랑마'로 불렀습니다.
'세상의 어머니'라는 뜻이지요.

어때요.
당신을 가장 잘 표현해 주는 이름은 무엇입니까?
에베레스트로만 알고 있던 우리에게
'초모랑마'는 경이로움 그 자체였습니다.
무슨 뜻인지 몰랐지만
어쩐지 당신에게 잘 어울리는 이름 같았거든요.
저 높이 서 있어도,

위로는 구름과 하늘을 벗하고
아래로는 땅과 사람의 마을을 감싸는,
당신의 모습에
어쩌면 그리도 잘 맞는 이름일까요.

누군가는 하얀 눈발이 당신의 참뜻이라고 합니다.
투명하게 살아가되, 절대 가벼이 행동하지 말라는 뜻이라고요.
누군가는 깎아지른 빙하가 당신의 참뜻이라고 합니다.
맑은 정신으로 살아가되, 절대 방황하지 말라는 뜻이라고요.

하지만 우리는 당신이 그곳에 늘 존재한다는 사실에 놀랍니다.

시간 속에 흘러가는,
인간의 오욕과 상처를 다 지켜봤잖아요.
당신 품 안으로 들어오는 길에
영원히 당신 발밑에 묻히는,
인간의 허망과 희망을 다 지켜봤잖아요.

초모랑마!
우리를 견뎌 준 당신에게 감사합니다.

동경 87도, 북위 28도, 해발 8,848미터.
지구에서 가장 높은 곳에 오늘도 당신은 서 있습니다.

095 탕구라/唐古拉 설산연봉

*티베트 사자의 서에 간판단어가 바르도인데 그 뜻은 원래 틈새란 뜻입니다. 죽음이 다가올 때 그 틈으로 들어가라… 틈으로 들어가란 말을 많이 하죠.

바르도(틈새)

채원래

숨과 숨 사이의 틈이다.
산과 산 사이의 구름이다.
정수리와 미추의 피아노 소리이다.
우주와 인간의 계단이다.
그 계단을 오르다가 너를 만나면
숨과 숨 사이
산과 산 사이
바르도가 입을 벌린다.

그 사이로 생명이 흐른다.
그 사이로 죽음이 흐른다.

남녀가 서로 사랑하는 시간에
남자를 질투하면 남자로
여자를 질투하면 여자로
줄줄이 이어지는 생명의 줄
사람들이 행차하는 곳마다
개미처럼 이어지는 행렬
악어의 입으로 빨려가는 몸 지켜보라.

바르도 그 틈으로 숨어들어라.
그 사이로 숨을 쉬어라.
숨을 쉬다가 숨을 잊어라.
다 잊은 그곳 사이에서
빛을 따라 빛으로 흘러라.
아무도 없는 광야 흘러드는 빛
우주의 수레바퀴는 멈추고
바르도가 입을 벌린다.

하늘 바다 작은 섬

한정화

하늘 바다에 작은 섬 하나.
푸른 모래가 끝없이 펼쳐져 있고
이따금 하늘물 출렁이는 기척이 들릴 뿐인
그곳으로 새들이 모이고 있다.

본래 새의 깃털은 하얀 색이었는데
서로 주고받은 말들에 상처를 받아서
회색으로 검은색으로 누런색으로 찌들어 버렸단다.
하지만 그 섬에는
아픈 곳을 핥아주고 쓰다듬어 주며
서로의 몸을 사랑으로 덮어주는 하늘바다물이 있어
그 작은 섬에 가면 모든 새의 깃털이 하얗게 변한다.

깃털의 색이 같다고 생각이 같은 것은 아니다.
가끔 다른 생각을 가진 새들과 부딪치기도 하지만
푸른 모래를 물고 하늘 물을 마시면
다른 생각도 깃 세우지 않고 들을 수 있는 여유가 생긴다.
그래서 온갖 색으로 지친 새들이 그 섬으로 모이고 있다.

097 탕구라唐古拉 설산연봉

아니오, 아니 되시어요

한정화

아니오, 아니 되시어요.
일 나간 그이가 아직 돌아오지 않았어요.
그렇게 무섭게 갑자기…

하늘을 검은 구름으로 덮어 버리시고
금방이라도 소낙비를 퍼부으실 것처럼
으르렁 대시면 아니 되시어요.

자판에 물건들을 가방에 챙길 시간도 주셔야 하구요.
그 가방들을 당나귀 등에 실을 시간도 주셔야 하구요.
그 당나귀가 꼬불랑 꼬불랑 샛길을 넘어
그이를 데리고 집으로 올 시간도 주셔야 해요.
아니오, 아니 되시어요.
우리 그이는 느려 터져서
가방을 챙기는데도 십년이 걸리구요.

그 가방을 실으려면 또 십년이 걸려요.
게다가 저희 당나귀는 얼마나 천천히 걷는지
집에까지 오려면 십년도 넘게 걸려요.
아니오, 아니 되시어요.
아무리 작정을 하셨고 마음이 급하시다고 해도
검은 구름 소낙비 모두 몰고 올 바람더러
우리 그이 돌아올 때까지 참으라고 해주세요.

5 지상의 이상향 샹그릴라를 찾아서
(중국 사천성 장족 마을, 사원, 야딩풍경구, 차마고도, 조장)

098 야라신산 雅拉雪山(해발 5,820m)

야라신산 雅拉神山과 길

채원래

큰 부리 까마귀의 바람소리라는 이름을 가진 산, 재미있다.
태양신 삼족오의 그 까마귀의 산인지?

차마고도茶馬古道의 길이 이어지는 야라신산, 길 위의 길이 있는 곳
티베트의 집들은 모두 산의 모양을 이어받아
뾰족하면서 푸른 산과 대조적으로 적색을 띠운다.
적색은 구도자의 옷색이며 달라이 라마를 대표하는 색이다.
푸른 수정빛 산과 적색은 보색이면서 서로를 눈에 띄게 해준다.
자연과 인간의 조화는 그들에게 너무 당연한 일이였다.
중국의 차와 티베트의 말을 주로 교역하는 길이였던 그곳은
사람들이 드나들기 어려운 고지에 있었기에
아직도 자연의 순수성을 그대로 드러내며 반짝이고 있다.
티베트에서 아주 높은 산은 아니지만
그 모양새와 차마고도로 이어진 역사가 있기에
야라신산 특별한 곳임에 틀림없다.

099 야라신산雅拉雪山(해발 5,820m)

야라신산의 가을빛

한기홍

곤륜산맥 두둥실 떠오른 여덟 미인 고혹
전장天葬에 실어 보낸 만년 꿈
천년 벗 소유차 한 모금에
불현듯 일어나는 백여덟 구비 윤회
야라신산 가을빛은 너무 커서 슬프다
야크 떼가 밟고 간 단파마을 두견화는
내년에나 만나겠지

*야라신산(雅拉神山)은 여덟 미인산(八美山)으로도 불리며, 쓰촨성 단빠(丹巴)를 통해 오른다. 토착민인 장족들은 소유차를 주로 마신다.

100 야라신산 雅拉雪山(해발 5,820m)

야라신산 파노라마

조장현

캉딩에서 타공으로 도로를 따르다 보면
티베트의 주무랑마(히말라야)
야라신산의 성스러움이 시작됩니다.

티베트의 8대 성산 중 하나라는 이곳은
5,820m 높은 그곳에
태고의 만년설을 머리에 이고
긴 시간을 흐르며 그렇게 있었습니다.

서쪽으로는 타오르는 불을 품고

북쪽엔 8명의 미인을 거느리고
구름으로 성을 지어 가리우고 있습니다.

빙하가 녹아 작은 폭포를 이루고
작은 폭포는 수정처럼 맑은 야라장포 호수가 되어
야라신의 모습을 투명한 거울로 비추입니다.

들꽃이 피어나는 생명의 시작과
녹음이 우거지는 성하의 계절을 뒤로 하고
단풍과 낙엽으로 물드는 오색의 시간을 안은 채
야라신의 정상은 언제나 눈雪을 드리웁니다.

구름을 거두이고 성문을 열면
야라신의 찬란함이
신의 모습으로 펼쳐집니다.

101 저뙤산折多山(해발 4,298m) 고개

조장 鳥葬

황인수

가리라돌아오리라돌아누운산들수풀사이갈바람으로밤새까
막새동그란눈가슴아래지저귀던빠알간휘파람소리로가늘고
굽은세상의길피어나던이끼도엮어진거미줄도너의소식도발
아래잠시자갈처럼나뒷기던깃발사이파아란바람으로오리라
가리라돌아오리라날아간바람새하늬바람휘파람에산에들에
흰구름바람처럼떠돌던흰눈으로오리라내리리라돌아오리라

102 캉딩

삶의 종말처리장 '조장터'

김한겸

절벽에 형형색색의 천들이 걸려 있어 평범한 곳이 아니라는 것을 직감케 한다. 고대 이집트인들은 죽은 자가 다시 환생한다는 믿음하에 미라를 만들어 다시 돌아올 수 있도록 육체를 보존하였다. 티베트인들은 다른 존재로의 환생을 중요시하였고, 육체는 새에 의해 하늘로 운반된다고 생각하여 조장을 해서 시신을 말끔하게 처리한다. 장례풍습은 그 지역의 환경이나 문화와 밀접하게 연결되어 있다. 나무가 없어 화장을 못하고, 땅파기가 어려운데다 추운 곳이라 시신이 부패하지 않아 매장을 못하는 상황에서는 친환경적인 종말처리법이 필요한데, 이것이 조장과 수장이다. 조장은 독수리에게, 수장은 물고기에게 자신의 몸을 주는 생애 최후의 공양이라는 점에서 티베트인들의 정신세계를 엿볼 수 있다.

차마고도 목동

손동욱

　지쳐버린 육신 껍데기는 백사장에 벗어두고, 말라버린 어깨는 수평선에 걸어두게나. 울다가 지쳐 버려 푸르팅팅해진 얼굴도, 열 받아 시뻘겋게 상기된 얼굴도, 아침태양을 받아 일제히 눈뜨는 모래밭에 묻어두고, 춤추는 파도 따라 길게 부서져 하얀 포말 내뿜는 해안선을 옆에 끼고 그대로 걸어보란 말일쎄!~ 뒤를 돌아보았는가? 자네의 발자취가 보이는가? 얼마나 비틀비틀 '갈 지之'자로 걸었던가. 그 발자취를 따라 자네의 아이들도 따라서 걸으라 하려는가? 자네가 밟고 서있는 모래는 음탕에 절여진 모래일세. 자네 옆에서 춤추는 파도의 거품은, 살육의 용암이 내뿜는 거품이란 말일세. 이제는 구원조차 없는 빨간 장미의 거짓 육체 속에서… 그 속에서… 겨우 그 속에서… 이미!~ 시들어 버린 자네의 심지를 찾으려 하는가? 자네 행동을 사로잡는 즉흥, 주먹구구, 임기응변, 그리고 대충 아는 척 하는 머릿속의 모든 것은 발목을 붙잡는 덫이 되었다네. 그리고 자네에 대한 모든 것의 이름을 바꾸도록 했다네. 사랑은 이제 지나갔고, 자네가 바라던 행복은 이미 실패했단 말일세. 들리지 않는가? 사랑의 종소리가? 사랑의 종이 울릴 때 자네 안식처로 속히 돌아가게나. 거리는 피곤한 곳이니, 이제는 피곤과 유혹의 그물에서 벗어나게나. 어리석음은 자네와 나를 그렇게도 교묘히 유혹했다네. 또!~ 그럴 듯한 약속도 많이 해주었다네. 그러나!~ 양심적이고 올바르고 심지 굳은 사람들에게 그런 것이 어리석음의 결과로 거짓임을 이미 알고 있다네. 어리석음은, 결코 우리를 축복해 주지 않고 보상해 주지도 않을뿐더러 그 길의 결국은 비통과 참담함만 기다리고 있을 터, 친구여!~ 어리석은 친구여!~ 오늘 같은 날이면 바닷가로 나가 보게나. 나는 산위를 올라 보려네. 우리 메아리가 되어서 남은 이야기 마저 하세나. 안녕!~

104 촉산 파노라마

고검古劍을 등에 올리며

한기홍

천지간에 은빛 여명이 자욱한 신새벽, 천장남로川藏南路 쪽 촉산 하늘을 묵묵히 바라보다가 무릎을 친다. 이제 천 년이 흘렀으니 사유는 설산처럼 맑고, 육신은 새털처럼 가볍다. 뇌수에 졸졸졸 흐르느니 청아한 보리음菩提音이요, 오관을 에워싸는 정기는 불멸의 탄트라 향이다. 삼림에 숨어 있는 하나의 검은 바위도 환한 무문관無門關이거늘. 천천히 이끼 낀 동혈을 열고 거미줄과 박쥐똥을 거둬내며 고검을 꺼내들었다. …

굳이 시공을 따지자면 천 년 전이 오늘이요, 오늘이 곧 태초인 것을. 이제 오래 된 검신을 닦아야겠구나. 이 휘황한 촉산의 검광이 청사 속에 명멸한 벗들의 잠을 깨울 것이나니. 이 검이 우는 소리는 시방세계 삼라만상의 종鐘이 되리니. 영교한 인류들의 길이요 본이되리니.

어느 세기 저 천산북로天山北路를 주유했던 고구려인 고선지高仙芝나, 몽고인 테무친이 벌였던 자기와의 싸움도, 결국은 이 촉산영봉 만년설에 스며든 한 줄기 설광이었으니. 고검을 등에 올리며 저 산록 아래 강호로 스며들 행장을 꾸린다. 이 빛나는 곤륜산 시공의 어느 한 지점, 껄껄껄 호탕하게 풍미했던 대협大俠들도 여전히 강녕하겠지.

목련존자, 설산에 오르다

한기홍

오늘도 눈길을 하염없이 오른다.
저 영봉 만년설 지붕 위에는 부처가 계시다
그 꼭대기 얼음 탑에는 그리운 어머니의
이승 첩帖이 만년풍에 휘날리고 있다.
탑 덩이 부조浮彫에는 아들을 가여워하고 사랑한
애오라지 모정이 고드름 되어 달려 있다.

오늘도 눈길을 하염없이 오른다.
부처께서는 나를 끔찍이 자애하셨지.

105 저뚸산折多山(해발 4,298m) 고개

어머니의 모정이나 부처의 자비로움이 무에 다르랴.
내가 훗날 몽매한 무리들에게 돌에 맞아 죽더라도
저 설산 영봉에 걸린 두 지존의 자애로움이
천공에 거울처럼 빛나니 오늘이 곧 극락이다.

오늘도 눈길을 하염없이 오른다.
나는 목련존자다. 가여운 우리 어머니 이승업장
바랑에 넣어 이 찬란한 천애에
무량한 게송으로 날려 보내리라.

*목련존자(木蓮尊者, 부처님의 제자)는 이승에서 죄를 짓고, 지옥에 떨어진 어머니를 불심으로 구원하였다. 석가모니를 시봉했으며, 훗날 죽림정사(竹林精舍) 부근에서 이교도 무리에게 돌에 맞아 타계했다.

106 갑거장체

여인천하

석창성

대도하강 고산협곡 갑거장체
붉은 기둥은 가슴에 품은 서하왕조 천 년의 기개
하얀 벽은 다음 천 년을 이어나갈 오늘이다.
사방을 높여 신을 모신다.
이 밤 불을 피운다.

화려한 머리깃은 왕족의 징표
주단 치마의 자태를 보아라.
계곡은 어머니의 땅
생명의 춤을 추어라.
이 밤 노래를 부른다.

곱디고운 육신은 신께 바치고
굳건한 정신은 새로운 생명에 전할 터
하늘의 기운은 등뼈를 타고 흐르고
대지의 부름에 가슴이 뜨겁다.
오늘은 그대가 나를 섬기라.

107 야딩 풍경구, 샤나뚸지선산夏納多吉神山(해발 5,958m, 금강수보살의 화신)

금강보살산

유한나

만 년 동안 거의 금강보살
풀 한 포기 한 그루 나무의
그림자 없이 홀로 빛난다.
잎새에 흔들리는
한 가닥 번뇌도 물리친
무념무상이여
춥고 없는 것의
드높은 해탈 앞에
만겁 업보가
씻겨져 나간다.

108 야딩 풍경구, 르룽무창(낙융목장, 해발 4,100m)

차마고도

김종제

당신에게로 수천 년
말을 타고 가는 길은
가장 아름답고 가장 황홀하여
절대적으로 험하고 위험한 길이다.
은밀한 하늘까지 닿아 있어
한 사람이 한 사람에게 열어 놓은
사랑을 찾아가는 길이다.
과거의 당신과
현재의 나를 잇는 시간이
벼랑으로 낭떠러지로 불쑥 출몰하여
함부로 들어설 수 없는 금지구역을
허가도 받지 않고 가는 것은
무릎 꿇고 밤낮으로 기도했던
신전이 있었기 때문이고
무덤 속까지 같이 살자고 약속했던
궁전이 있었기 때문이고
그 하늘 아래
당신과 내가 걸어갔었기 때문이었으리.
차마고도, 그 길 문득 끊기고
인적 끊어진 지 한 천 년 지났을까.
당신을 등에 태우고
내가 말이 되어 걸어간다.
속으로부터 벗어나 있어
그곳에 사랑의 유물 같은
뼈만 오롯이 남겨놓을 것이라고.

109 야딩 풍경구 양마이용서샤央邁勇雪山(해발 5,800m 문수보살의 화신)

지혜의 문수보살 文殊菩薩=Mañjuśī 이시여

채원래

　머리에 보관寶冠을 쓰고, 위에는 천의天衣를 걸쳤으며 아래에는 치마와 같은 군의裙衣를 두르고 중생의 모든 것을 남김없이 둘러보시는 그 장엄함이여~ 비록 하늘을 뚫을 듯이 높지만 그 자비로움으로 이 땅에 존재하심을 감사하게 생각합니다.

110 야딩 풍경구, 시앤나이르선산仙乃日神山(해발 6,032m, 관세음보살의 화신)

티베트 포탈라 산맥의 관세음보살 정기 그리고 포탈라궁

임연수

관세음보살
관음, 관세음, 보살이라고도 하며,
모든 곳을 살피는 '세상의 주인'이라고도 하며,
대자대비의 보살이라 한다.
아미타불의 화신으로
석가모니 입적 이후부터

미래불, 미륵불 나타날 때까지
모든 피해로 부터 세상을 지켜주며
구제할 중생에 맞춰
33가지 다양한 몸으로 나타난다 한다.
무수하게 많은 모습으로 표현하나
7가지로 요약한다.

성관음聖觀音
십일면관음十一面觀音
천수관음千手觀音
준제관음准提觀音
불공견색관음不空絹索觀音
여의륜관음如意輪觀音
마두관음馬頭觀音

사나운 표정을 한 말의 머리를 하고 있으며,
티베트에서 말의 수호자로 부르는
'하야그리바'에서 유래됐다.

티베트에는 7세기 무렵에 전해졌으며, 곧
가장 인기 있는 보살이 되었다.
티베트에서 관세음보살은
포탈라산에 살고 있는 것으로
여겨졌으므로
관음상을 산꼭대기에 세우게 된다.
역대 '달라이 라마'는
관세음보살의 화신으로 공경하게 된다.

산스크리트어로 '성지'를 의미하는 포탈라.
포탈라산 중턱에서 정상에 걸쳐
바위와 나무로 쌓은 포탈라궁布達拉宮

성스러운 곳으로 여겨지는 포탈라궁

'달라이 라마'들이 살던
정부관청들, 정부관리 교육학교,
회당과 성전 등의 건물과 달라이 라마들의 무덤,
부처와 보살상, 만신전상들이 수천 개 있다.

산 위에 있는 라마 숙소, 라마 학교, 동·서 정원庭院,
산 아래의 설로성雪老城,
티베트 지방정부의 인경원印經院,
설파열공雪巴列空, 마기강馬基康, 마굿간,
감옥監獄, 포탈라궁 후원后園과 용왕담龍王潭 등이 있다.

포탈라궁은 행정적, 종교적, 정치적
복합성격을 가지고 있으며,
고도 3,600m상의
라사계곡 중심부에 세워져 있고
궁은 백색궁과 적색궁으로 나누어지며
각각 부속건물들을 가지고 있으며,
7세기 이래 '달라이 라마'의 겨울궁으로
사용되기도 하였으며
티베트 불교와 티베트 정치와
전통행정 중심 역할이었다.

그렇구나!!
티베트의 모든 심장부적인 '포탈라'궁을 안고 있는
포탈라산
관세음보살산…
모든 중새의 해탈을 위해
대자대비의 신령스러운 정기를 품은
티베트 민족의 상징성인 관세음보살이었다.

희끗희끗 잔설이 남아 있는 산새자락.
깊고도 청명한 신령함의 정기를 품고,
관세음보살 산은 티베트의 옛 전설을 간직한 채
하얀 입김을 토해내며, 중생을 찾아 하강하고 있다.

111 히말라야의 다울라다르Dhauladhar 산맥의 독수리

씨앗의 삶을 기리며

김진숙

바닥을 치고 날아오르는 독수리의 비상
해묵은 낡은 껍질을 깨고
여린 속살을 드러내는 날카로운 부리 아래

먹구름 위에는 찬란한 태양이 있음을 기억하라던
말씀에 힘입어 쓰러질 듯 일으켜 살아온 나날들

공수래공수거空手來空手去 허무한 인생
젊은 날, 철없던 날, 산 너머 지는 해를 바라보며
몇 자 안 되는 이 말에 사로잡혀
얼마나 허망하였는지

하루 해가 지는 것에 연연하여
새로운 해가 떠오르는 것에 무심했던
연약한 초록의 염려

인생의 의미를 알기도 전에

존재의 허무를 속삭이는 이방인의 음모처럼
목숨이 다하면 지수화풍으로 흩어져 버리는
한계적 존재라는 스스로의 연민에 빠져
또 얼마나 허망하였는지
그러나 인생이 삶이 그리 허망하지 않음을
달라이 라마, 씨앗의 삶을 기리며 깨닫는다.
선한 열매 맺는 인생, 모두의 기쁨이 되는 삶
기억하고 본받아 전해지는
인생은 싹이 열매가 되었다.

천국의 문 길목에 서서
지상에서 천국까지 낯선 이들의 길잡이 되어 준 삶
마음과 마음으로 이어지는 선한 향기는
사라지는 것이 아니다.
시간이 갈수록 향기는 짙어지고
널리 오래도록 전해진다.

|에|필|로|그|

평화

유한나

뱃속에 풀만 들은

짐승은 평화롭습니다.

물고 뜯어 피 흘릴 줄

모르는 짐승은

배부른 만큼만 먹고

돌아서는 아름다운 식욕을

가졌습니다.

신이 내린 푸른 식탁

이 풀밭에 초대 받은 짐승은

평화를 누립니다.

리탕고원

달라이 라마 촬영 후기

김경상

달라이 라마라는 이름을 매스컴에서 자주 듣게 된 것은 아마 1980년대 말로 기억된다. 달리는 차 안에서 우연히 듣게 된 티베트망명정부 수장의 노벨평화상 수상소식을 통해서였다. 젊은 시절 티베트는 내게는 꼭 한 번 가보고 싶은 곳 중의 하나였었다. 히말라야나 환생, 조장, 『사자의 서』나 라마승 관련 서적을 읽고 난 뒤, 더더욱 비밀과 신비로 가득한 동경의 땅이었다.

그 후 달라이 라마와의 두 번째 인연은 그로부터 10여 년이 훨씬 지난 2006년 4월 어느 날이었다. 그때 나는 프레스센터 서울갤러리 1관에서 그 당시 서울신문사 기획으로 교황 요한 바오로 2세 선종 1주기를 추모하는 추모사진 개인전을 열고 있었다. 어느 관람객이 인터뷰 요청을 해왔다. 자신을 정신세계 명상관련 잡지의 편집자라고 소개한 그와 사진전의 제목으로 선정된 '나는 행복합니다. 여러분도 행복하세요!'라는 말의 의미와 배경을 설명하곤 계속하여 요한 바오로 2세 사진전에 관하여 이야기를 나누던 중, 순간 나의 뇌리를 번득 스치는 생각이 있었다. 인간의 행복과 정신과 명상! 나는 즉시 그에게 "달라이 라마 사진 작업을 하고 싶다"고 말하고 조신 달라이 라마와의 연결 방법과 가능성을 타진해 줄 것을 요청하였다. 한번 알아봐 주겠다는 대답을 들은 며칠 후, 그에게서 전화 연락이 왔다. 원주의 모씨를 찾아가보라는 것이었다.

통화가 끝난 즉시 나는 무작정 그를 찾아 원주로 내달렸다. 그러나 그러기를 몇 차례 그의 부재로 번번이 헛걸음을 되돌린 끝에 겨우 돌아온 회답은 달라이 라마 관련 촬영은 "아예 꿈도 꾸지 마라"는 그 한 마디였다. 그날 이후 거듭된 집요한 나의 요청에 다시 한 번 알아보겠노라는 막연한 그의 말을 내내 되새기며 그 언젠가 시작된 나의 히말라야 사랑과 방랑은 또 그렇게 깊어 갔다.

라싸부터 에베레스트, 차마고도, 동티베트 샹그릴라, 남인도 문고드 티베트사원, 다람살라, 네팔까지 그 한없고 무심한 지구의 천정을 걷고 또 걸었다. 고산병에 걸려 검은 코피를 한웅큼 쏟기도 하였으며, 무거운 장비를 메고 돌아다닌 탓에 손끝 하나 까딱할 수 없는 탈진 상태를 수도 없이 경험했다. 그러한 모진 고생 속에서 히말라야에서 발견한 것은 성경 구약의 아브라함 시대 그 태초의 모습이었다. 한없이 높고 광활한 산맥에 뛰노는 야생동물, 설산의 야크 그리고 목동 하나. 그것은 문득 나에게 하나의 신비의 세계이자 경이로 다가왔다.

2012년이 시작되던 초봄 어느 날 다람살라로 들어오라는 연락이 왔다. 희망에 부풀어 나는 다시 무거운 카메라 배낭을 꾸리고 날아갈 듯 인도행 비행기에 올라탔다. 그곳에 도착하여 신년 법회 중에 촬영을 할 수 있다는 답을 들었다. 법회 첫날 새벽 미리 남걀사원에 들어가려는 나의 시도는 입구에서 제지를 당했다. 법회 중엔 모바일, 카메라 지참이 불가하다는 것이었다. 아~ 달라이 라마 촬영은 진정 아무나 할 수 없는 것이란 말인가! 순간 절망이 엄습했다. 법회 두 번째 날 새벽, 나는 다시 두 번째 도전을 시도했다. 전날 출입을 제지한 경호원이 전화로 어디론가 오랜 시간 통화 끝에 드디어 나의 사원입장이 허가되었다. 다음 입구에서 다시 철저한 몸수색을 받고 드디어 난 법회장으로 들어갔다. 해뜨기 전 새벽부터 촬영을 시작할 수 있었던 것이다.

어슴푸레 새벽의 푸른빛을 받으며 입장을 하시는 달라

이 라마. 나에게 그는 성스럽게 빛나는 하나의 하얀 맘모스로 보였다. 그 신새벽의 광휘에 취하여 나는 정신없이 카메라 두 대의 셔터를 눌러대기 시작했다. 바티칸에서 무아지경으로 교황 요한 바오로 2세 촬영한 순간이 떠올랐다. 나는 점점 피사체에 집중을 하면서 그의 모습을 내 작은 사각 앵글에 가득가득 채우기 시작했다. 그러나 군중 중간지점에 자리한 나의 촬영위치가 달라이 라마와 거리가 너무 멀다고 느껴졌다. 마이크로 가려진 그 얼굴 때문에 그의 섬세한 표정을 제대로 담기 어려웠던 것이다. 더 가까이 가까이 다가가려던 나는 순식간에 빽빽이 가득 찬 인파로 오도 가도 못하고 그 자리에 고립이 되어버렸다. 앞으로도 못 나가고 뒤로도 못 물러서는…. 나는 또 한 번의 무모한 도전을 시작하였다.

'달라이 라마와 5미터 이내로 촬영 거리를 좁히자!' 그 때 수많은 법회 인파가 모세 홍해의 기적처럼 갈라지기 시작했다. 한 시간여의 사투 끝에 무거운 카메라 장비를 메고 한 걸음 한 걸음 전진하는 나의 모습을 달라이 라마께서 보신 것 같았다. 인파를 뚫고 앞쪽으로 나아가면서 지치면 그 자리에서 한숨 몰아쉰 채 한 컷 촬영한 다음, 전진 또 전진을 외치면서 나아갔고 결국 그의 눈앞까지 도착하였다. 단상의 주위에 선 경호원들도 사력을 다해 인파를 뚫고 온 나를 보았는지, 손가락으로 "only 5 minutes!" 신호를 보내주었다. 그러나 5분이 지나고, 50분이 지나고, 법회가 끝나는 정오까지 나는 무려 5시간을 달라이 라마의 면전에서 촬영을 할 수 있었다. 촬영 중 달라이 라마는 무아지경에 셔터를 눌러대는 나를 향해 빙긋 빙긋 여러 차례 그 너그럽고 잔잔한 미소를 보내주셨다. 마침내 당신이 전용차를 타고 퇴장하시는 그 뒷모습까지 난 그렇게 그 모든 장면을 단독 촬영하였다.

아! 이로써 난 결국 우리시대의 위대한 성자편을 모두 완결할 수 있었다.한국으로 돌아오는 비행기 안에서 내 발걸음은 하늘을 날 듯 가벼웠다.

필자 소개

- **김경상**: 다큐멘터리 사진가.
  교황 요한 바오로 2세, 성인 콜베, 마더 데레사, 추기경 김수환, 달라이 라마, 마하트마 간디, 유니세프 아프리카, 한국문화유산 사진 작업.
  Kyung-Sang Kim
  sajin1@catholic.or.kr

- **김남식**: 시인
  2003년 10월 『월간시사문단』에 「사랑의 사칙연산」 외 2편을 발표하면서 등단.
  한국시사랑문인협회 회원.
  Nam-Sik Kim
  dkwlahd@gmail.com

- **김명훈**: 의료관리학 박사
  연세대학교 강남세브란스병원 근무
  (사)한국소아당뇨인협회 이사장
  Matthew Kim
  mattkim@yuhs.ac

- **김병주**: 강릉원주대학교 교수
  현대 심리상담센터장
  Byoung-Joo Kim
  eduvice@kornet.net

- **김선욱**: 시인, 집필가. ≪장흥신문≫ 편집인, (현)편집국장.
  시집 『정남진 천년의 꿈』 『새로운 사랑의 시작을 위하여』, 에세이집 『참사랑』, 대담집 『스님 사는 게 뭡니까』 출간
  Sun-Woog Kim
  kimsw52@naver.com

- **김종제**: 시인, 현재 고등학교 교사.
  문인협회 회원, 현대시인협회 이사
  교원문학상, 자유문학상 수상
  시집 『내 안에 피는 아름다운 꽃』, 『바람의 고백』, 『따뜻한 속도』
  Jong-Jea Kim
  gusukgy@hanmail.net

- **김진숙**: 전시 기획자. 현재 문화재청 무형문화유산전당 연구원.
  프랑스 파리 I대학 박사 수료, 미술사 전공
  Jin-sook Kim
  jeandie@hanmail.net

- **김한겸**: 의사/병리전문의. 고려대학교 의과대학 병리학 교수
  Han-Kyeom Kim
  sswords@naver.com

- **박모니카**: 피아노 레스너
  상명대 예술학 석사
  Monica Park
  mypio82@yahoo.co.kr

- **박병조**: 집필가
  HOSINE international company president
  Byung-jo Park
  robroy88@naver.com

- **박성도**: 기업인, 시인
  『한국의 얼 111전』「담양대나무숲_빛내림」등단
  (주)아이피파트너 대표(iP partner co. CEO)
  Seong-Do Park
  ipshow@daum.net

- **박은수**: 현 고려대학교 대학원생
  전 한국문화재보호재단 문화예술실 근무
  난고 김삿갓처럼 유랑하며, 연암 박지원처럼 깨우침이 있는 글을 쓰고픈 일상여행가
  Eun-Su Park
  happytown@korea.com

- **박정운**: 환경운동가, 녹색연합 녹색사회연구소 연구원
  Jeong-Woon Park
  saveoursea@hanmail.net

- **박정호**: 문학비평가, 문학박사
  외국어대 겸임교수
  Jeong-Ho Park
  studypark@hotmail.com157

- **박찬현**: 시인
  한국문인협회, 국제펜클럽 한국본부, 한국학술저작권협회.
  시집으로『먼 나라』(1989),『종이강』(1991), 중편소설로「어둠 속의 노래」,「제우스의 선물」, 단편소설로「겨울 나무 속으로 흐르는 강」등 다수의 저작이 있다.
  Chan-Hyeon Park
  oilcolor2@hanmail.net118

- **변성래**: 의료인.
  YES24와 Bookpinion의 파워블로거(Book)
  Sung-Rae Byun
  saint565@daum.net

필자 소개

- **서진희**: 강원도교육정보연구원 교육컨설턴트
  독서심리상담사, 자기주도학습코칭지도자
  Jin-Hee Seo
  sjhknca@hanmail.net

- **석지원**: 조계종 승려
  ven. Seok, Ji-Won
  ven.jiwon@gmail.com

- **석창성**: 우포늪 생태해설사이자 어부
  Chang-Seong Seok
  upojigi@naver.com

- **성기조**: 시인, 교수, 문학박사.
  한국문인협회 명예회장. 국제펜클럽한국본부 회장 역임.
  제44회 한국문학상, 제24회 국제펜문학상, 아주작가상, 2007년 한국문학상, 2008년 한국예총 특별예술공로상, 2009년 제5회 원종린수필문학상 등 수상.
  시집, 소설집, 에세이집, 평론집, 고등학교 [작문]과 [문학] 교과서 등 130여 권의 저서와 편서가 출간되었다.
  Ki-Jo Song
  skj907@hanmail.net

- **손동욱**: 의료법인 브니엘병원 이사장
  Methodist Theological University 공부
  Dong-Wook Shon
  oksdwook@hanmail.net

- **손영철**: 한국전력노동조합 위원장(현)
  Young-cherl Sone
  gosendline@hanmail.net

- **양선규**: 소설가
  대구교육대학교 교수
  창작집 『난세일기』 외
  Sun-Gyu Yang
  sgyamg@dnue.ac.kr

- **양현희**: 카운슬러. 교사.
  Hyun-Hee Yang
  agadah@gmail.com

- **유경재**: 장로교 목사
  Kyung-Jea Yu
  kjch505@hanmail.net

- **유한나**: 시인
  국문학 전공하였고 현재 강릉 초당동에 거주하고 있다.
  시집 『하시동 연가』(예찬사) 외 4권
  Han-Na Yu
  sansan2006@daum.net

- **윤현진**: 전남대학교 음악교육(피아노) 전공
  Hyun-Jin Yoon
  8405jin30@gmail.com

- **이명흠**: 시인. 현 전라남도 장흥군 군수.
  2011년 제22회 한국시 문학대상
  시집 『여행 떠난 당신에게 부치는 편지』 출간.
  Myeong-Heum Lee
  jhmayor@korea.kr

- **이원석**: 시인
  장애인문화예술아카데미 운영위원
  통합범박 사무처장
  Won-Seok Rhee
  barocock@daum.net

- **임연수**: 수필가
  Yeon-Su Im
  micael33@hanmail.net

- **장상현**: (주)커커 콘텐츠팀 팀장
  Sang-Hyun Jang
  juhapapa@gmail.com

- **전선애**: 전남대 경영학 전공
  Seon-Ae Jeon
  dreizehnweg@gmail.com

- **정광수**: 시인
  1973년 『현대문학(現代文學)』에 「입춘(立春)」「은하송(銀河頌)」「연연(燕燕)」이 추천되어 문단에 등단
  시집 『東鶴寺 길목에 山菊이 피었다』 외 9집
  해동문인협회 창립회장, (현) 회장, (재)한국문학진흥재단 상임고문.
  Kwang-Soo Chung
  gongamsa@hanmail.net

- **정광영**: 건국대학교 외래 교수, 한국부동산경제연구소 소장
  한국글로벌문화학회 상임이사, 흙문화재단이사장
  Kwang-Young Chung
  cky5610@naver.com

필자 소개

- **정봉용**: 한국세라믹기술원(지식경제부 산하) 선임연구원
  공학박사 캐나다 McGill대 박사후연구원
  Bong-Yong Jeong
  gujoon@empal.com

- **정우석**: 대전교구 사제
  Woo-Suk Jeong
  woosukmario@gmail.com

- **조성범**: 시인, 건축가
  2012년 월간『한국문단』제10회 낭만시인공모전 최우수상으로 등단(작품명『들풀이 꽃이 되다』)
  한국문단 회원
  Sung-Bum Cho
  csb2757@hanmail.net

- **조장현**: 관광경영학 박사. 동아대학교, 동의대학교, 동명대학교, 경성대학교 외래교수.
  한국관광학회, 한국관광레저학회, 대한관광경영학회 정회원.
  Jang-Hyun Jo
  jojh7984@hanmail.net

- **주민아**: 창원대학교 어학교육원 전임교원으로 인문출판 번역가.
  경남문화정책연구소 시네마테크 운영위원.
  Min-Ah Joo
  joomina@lycos.co.kr

- **채원래**: 미국 거주.
  1991년 오쇼라즈니쉬『삶의 예술』번역.
  2000년 국민카드 문학상 수필『몽키템플에서 바라본 히말라야』입선.
  현재 오쇼 라즈니쉬, 청해무상사 입문. 달라이 라마를 스승으로 모심.
  Won-Rae Che
  zeenat@hanmail.net

- **최인찬**: 현재 베트남 거주.
  『지구문학』시 등단. 한국문인협회 회원.
  청다문학회 회원 시집『그리움 파도에 적시고』,『날개 편지』
  In-Chan Choi
  cic525@naver.com

- **최일화**: 시인.
  고등학교 교사 은퇴.
  1985년 시집『우리 사랑이 성숙하는 날까지』를 출간하며 작품 활동 시작.
  시집『어머니』(1998),『해질녘』(2008),『소래갯벌공원』(2011) 출간.
  Ihl-Wha Choi
  choiihlwha@hanmail.net

● **하재화**: 조선대학교 의과대학 졸업
  씨티 재활의학과 요양병원 내과 전문의
  Jae-Hwa Ha
  hreichell@hanmail.net

● **한규동**: 시인. 현대시 100년 기념사업회 사무총장 역임. (현)열린시학회 사무총장. 명지전문대 문예창작과 출강. 은평구청 홍보담당관 팀장.
  『문학과 창작』 등단
  시집: 언어, 젓갈 담그기, 동인지 4권.
  공무원문예대전 국무총리상 은상수상(2012)
  Kwy-Dong Han
  ssihan@ep.go.kr

● **한기홍**: 시인
  갯벌문학회장. 국제펜클럽 회원. 인천문협 회원. 푸른시 동인. 계양산문학회장.
  제4회 해양문학상 등 수상 다수
  시집『가을하늘 고흐의 캔버스』, 수필집『은빛 매미의 눈망울』외 다수
  Ki-Hong Han
  hkhc5656@korea.kr

● **한은경**: 건국대학교 인문과학대학 국어국문학과 졸업
  현 느티나무도서관재단 근무
  Eun-Gyeong Han
  euninzoo@hanmail.net

● **한정화**: 시인
  미국 메릴랜드 거주
  Julianna Lee
  Leej43@gmail.com

● **허금행**: 시인, 소설가
  Ewha Womans UniversityMiddletown, Orange County, New York 거주
  Keum-Haeng Heo
  poetheo@gmail.com

● **황인수**: 언어문화공간 Linguipia 대표
  대안연구공동체 라틴어 강좌, 독일 Universität Bremen/Universität Hamburg, 철학/독문학 전공
  In-Su Hwang
  isocra@naver.com

● **William Jay Stahl**: Land Surveyor, CNA, Tibetan Bhuddist, Labeling GMO Actiivist, Organic food Supporter, Save Tibet Supporter, etc.
  bharani51@gmail.com

김경상

다큐멘터리 사진작가
sajin1@catholic.or.kr

Since 1979
Pope John Paul II, Mother Teresa, St Kolbe, Cardinal Stephen Kim, Dalai Lama, Mahatma Gandhi.
Documentary Photo work.
Asia, Africa : AIDS, Leprosy, War Refugee camps, Mental Retardation.
Intangible Cultural Heritage of UNESCO World Documentary Photo work.
한국의 문화유산, UNICEF 사진작업.

저서
2012.09 『한국의 얼 111展』, 새로운 사람들
2012.06 『카롤 보이티야』, 새로운 사람들
2010.01 『 바이블 루트』, 눈빛출판사
2008.12 『우간다에서 만난 차일드 마더』, 눈빛출판사
2007.08 『라이언 부시』, 세상의 아침
2006.12 『성 막시밀리아노 마리아 콜베』, 세상의 아침
2006.03 『기억합니다』(교황 요한 바오로 2세), 분도출판사
2006.03 『낯선 천국』, 분도출판사
2005.03 『캘커타의 마더 데레사』, 눈빛출판사

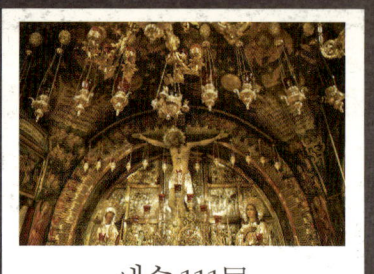

예수 111展
구원의 샘

위대한 침묵 111展
유럽 수도원 기행

후지산의 소록도 111展
지구 마지막 마을을 찾아서